全身を引き締める超効率的メソッド

ボディメイク・ピラティス

BODY MAKE PILATES

運動指導者
森 拓郎

（INTRODUCTION）

あなたがしている、そのピラティス本当に効いていますか？

健康の観点からも注目を集めているピラティス。私がフィットネス業界に足を踏み入れた約15年前にはそれほどポピュラーではなかったピラティスですが、今はボディメイクの効果的なメソッドとして多くの人に認知されています。それだけ一般化したものでありながら、多くの人はピラティスのよさを実感できていないのも事実。なぜならピラティスを行う上で重要視される呼吸や姿勢といった基本ができておらず、ただポーズをこなすだけのレッスンになっているからです。グループレッスンでは

ポーズをこなすのがやっとで、効果をイマイチ感じられていない人も多いのではないでしょうか？　これは機能的な体をつくるピラティスの本来の目的が置き去りにされていることにほかなりません。

本書では、ピラティスをただのポーズ集にしないためにマスターしたいポーズを４つに厳選。それらを体得するためにさまざまな角度からアプローチする学びや練習方法を提案しています。さらに４つのピラティスではカバーできない細部までアプローチするトレーニングも紹介。ボディメイクの実現を目指します。コツを簡潔に学べるのでピラティス初心者にはもちろん、すでに取り組んでいる方の学びにも最適な内容になっています。必要最少限に絞った、いわば「超効率的」な本書で、ぜひピラティスのよさを実感してください。

森　拓郎

CONTENTS

LESSON 1

ピラティスで注目すべき骨格

ピラティス5つのポイント

HOW TO USE

本書の上手な使い方

本書はボディメイクに効果的なピラティスを厳選して紹介しています。
効果を感じられるように段階的な構成になっています。

1 ピラティスのメリット、特有の動き、基本を学ぶ

ピラティスで動かす骨格の働き、呼吸や姿勢など意識したいポイントを知っておきましょう。基本を学んだ上で、自分の体と向き合って必要な動きを考察することも、ボディメイクを叶えるためには大切な要因になります。

2 ピラティスが正しくできる練習をする

いきなりピラティスを始めるのではなく、ボディメイクにおいて重要な骨格を機能的に動かすための練習を設定しています。これにより、正しいピラティスの動きができるようになります。

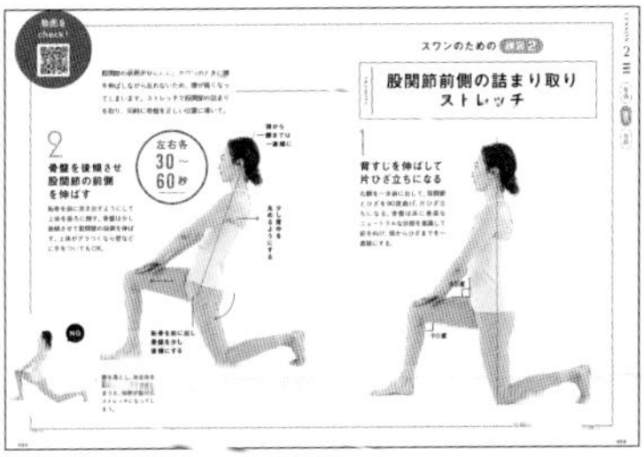

3 ピラティスを実践する

練習で体を整えたのち、いざ実践へ。これまでの学びや練習を振り返りながら体を動かします。解説動画も活用し、ピラティスのボディメイク効果を体感してください。

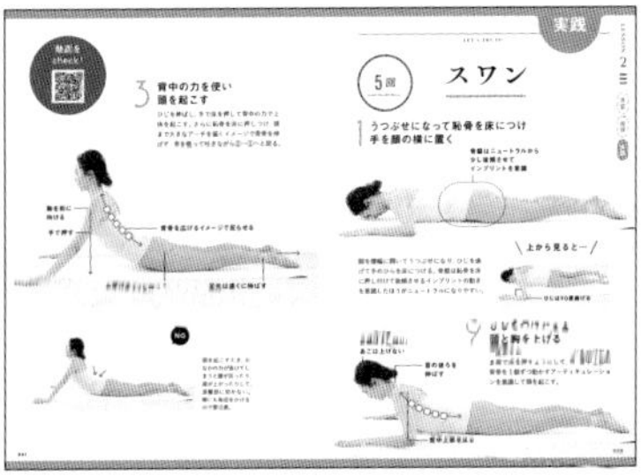

ピラティスをはじめエクササイズはすべて解説動画で確認できます

動きを理解するためにも、初めて取り組むときは動画で解説を確認するのがおすすめ。体の動かし方のコツや気をつけたいポイントまでわかります。お手持ちのスマートフォンやタブレット端末などで各ページにあるQRコードを読み込んでください。

注意

●持病がある、治療中、妊娠中など、健康に不安がある方は事前に医師と相談してください。
●エクササイズの際は、ご自身の責任で十分注意して行ってください。
●本書は効果を100%保証するものではありません。効果には個人差があります。

ピラティスの基本的概念

特定の筋肉を集中的に鍛える一般的な筋トレとは異なり、全身の筋肉をバランスよく使うことで、しなやかな筋肉を育て、均整のとれたボディに導くのがピラティスのよさです。しかし、その効果を得るためには呼吸や姿勢などいくつかのポイントを意識することが必要です。初心者であっても経験者であっても、ピラティスを行う上で覚えておきたい基本中の基本を知っておきましょう。

N1

BODY MAKE
PILATES

LESSO

LESSON 1

ピラティスでボディメイクが可能になる理由とは？

ピラティスとは、もともとリハビリを目的としてつくられた全身の筋肉をバランスよく使うボディ・ムーブメントです。なぜそれがボディメイクに有効か、簡単に解説しましょう。

私たちは日常の中で、立つ、歩く、座るなどさまざまな動きをしています。しかし、多くの人はスマホ操作やデスクワークで背中を丸めたり、ひざを曲げたまま歩いたりなど、日ごろの習慣やクセなどでバランスよく筋肉を使えていません。こうした長年の習慣やクセが蓄積されると、筋肉のつき方に偏りが出てしまい、ボディラインに影響します。

加えて、運動不足や加齢により筋肉が弱るのも問題です。私たちの体は常に重力の影響を受けていますが、特に体の深層部にある筋肉が弱ってくるとピンとした姿勢を保てません。これにより肋骨の動きが悪くなって呼吸が浅くなったり、正しい姿勢や動作の要となる骨盤や股関節にねじれが生じたりすると体が機能的に動かせず、おなかがぽっこり出たり、太ももの前や外ばかりが発達して、理想のボディバランスとはかけ離れた状態になります。

こうしたアンバランスな体を改善していくのが、ピラティスです。ピラティスのボディメイクには突出しています。全身の筋肉をバランスよく使いながら関節などの骨格に総合的にアプローチするので、続けるうちに普段使ってない筋肉が目覚め、その逆に使いすぎていた筋肉への負担が軽減します。ウエイトトレーニングのような部分的に鍛える運動でつくムキムキの肥大化した筋肉ではなく、しなやかで柔軟な強い筋肉が育ち、自然とボディラインが整うようになります。

さらに、ピラティスは衰えがちな体幹の筋肉へのアプローチも抜群です。流れるような動きに合わせて深い呼吸をしますが、それにより深層部の筋肉を強化。ピンとした姿勢が維持できるようになるので、それだけで見た目がスッキリします。また、骨盤や背骨などを意識して動かすため、骨格が正しい位置に導かれて体を機能的に使えるようになり、パフォーマンスが向上。日常の動作が楽になるばかりか、疲れにくくなります。加えてピラティス中に繰り返し行う深い呼吸によって血液の流れがよくなり、コリや冷えも解消。自律神経のバランスが整いやすくなったり、代謝が上がりやすくなったり、太りにくくなるなど、ボディメイクにはうれしいことばかりです。

ピラティスのボディメリット

BODY MERIT
— 01 —
姿勢がよくなる

BODY MERIT
— 02 —
体幹が鍛えられる

BODY MERIT
— 03 —
コリや痛みが
軽減される

BODY MERIT
— 04 —
冷えなどの
悩みが軽減される

BODY MERIT
— 05 —
体が機能的に
使えるようになる

BODY MERIT
— 06 —
疲れにくくなる

BODY MERIT
— 07 —
しなやかな筋肉がつき
ボディラインが整う

効果を実感するには骨格とピラティス特有の動きを知ることが大事

しなやかな筋肉を育て、ボディラインを整えていく効果があるピラティス。しかし、効率よくボディメイクを叶えるためには、いくつかのコツがあります。すでに取り組んでいる人でも、「おなかが出たまま」、「取り組むほど前ももが張る」、「首や肩が痛い」など思うような効果が得られない場合は、ピラティスが正しくできていない可能性が高いです。まずは「骨格」の仕組みや役割を知り、それらを正しく動かすためにピラティスの動きの基本となる「ポイント」を学びましょう。これは本書で取り上げるピラティスだけでなく、指導者が細かい部分まで見ることができないグループレッスンやオンラインレッスンの際にも頭に入れておきたい要素です。

ピラティスを“効かせる”トレーニングにするために知っておきたい

骨格とポイント

ピラティスで意識したい4つの骨格

股関節

Page_016

脚の付け根にある関節。伸ばしたり曲げたりがスムーズで“詰まり”のない状態が理想的。

背中上部

Page_020

ピラティスでは、姿勢維持に欠かせない背中上側や首の付け根のなめらかさにも注目。

背中下部

Page_022

主に首～胸骨を指します。ピラティスに重要な深い呼吸となめらかな動作に関わります。

骨盤

Page_024

上半身と下半身をつなぐ部分で、基本姿勢や呼吸の際に意識する、要となる骨格です。

骨格にアプローチするピラティスの5つのポイント

呼吸

Page_026

胸に空気を入れる胸式呼吸が基本。深い呼吸で深層部の筋肉や肋骨にアプローチします。

軸

Page_028

背骨や骨盤のほか、「パワーハウス」という部分が、体の軸の安定に関わってきます。

姿勢と骨盤の動き

[illegible]

骨盤の「ニュートラルポジション」と「インプリント」の動きがしなやかな動作のカギに。

伸ばす動き

Page_032

骨と骨の間を伸長させる「エロンゲーション」と呼ばれる動きが、ボディメイクのカギです。

ひとつずつ動かす動き

Page_033

背骨をひとつずつ動かす「アーティキュレーション」という動きが重要です。

まずは機能的に動けているか確認！

ピラティスで注目すべき骨格

ピラティスを正しく行い、しっかりとしたボディメイク効果を
実感するためにも、重要な骨格の動きをまずは確認！

CHECK 01

股関節

動きが悪いと脚が太くなるなどの弊害が

股関節は、骨盤下にある左右のくぼみに大腿骨の頭がはまって多彩な動きをする関節です。骨盤や背骨と連動しており、日常のあらゆる動作で使われます。ただそれだけに、日ごろの悪習慣でねじれが出たり、動きが悪くなったりしやすい関節です。例えば、長時間のデスクワークや運動不足が重なると、股関節を動かすときに使われるお尻の筋肉が衰えます。その結果、ピラティスでなめらかな動きができなくなり、ピラティスをしてもなかなか体が引き締まらなかったり、その逆に動かしやすい筋肉ばかり使ってしまうことになり、前ももや外ももが張って脚が太くなったりするような弊害が起きるケースも。まずはピラティスを始める前に自分の股関節のクセを知るためにも可動域が十分か、屈曲・伸展という動作で柔軟性をチェックしましょう。

股関節の機能の悪さ
が脚を太くする

機能が悪いと…

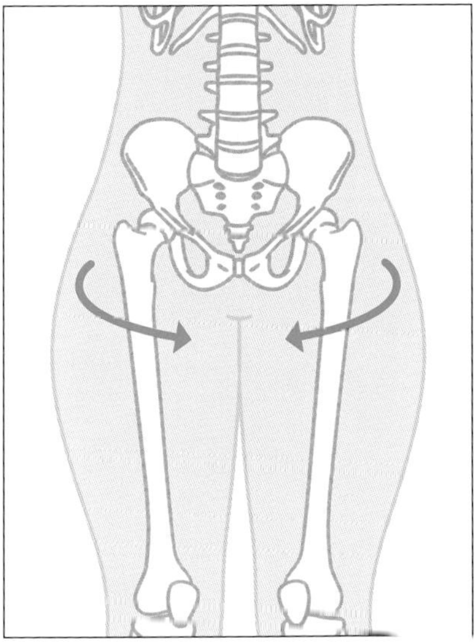

股関節にねじれがあると、ひざや足首も連動してねじれます。すると日常動作で脚の外側や前側ばかり使う形になり、不均衡な筋肉が付き、脚が太くなってしまいます。

正しく機能していると…

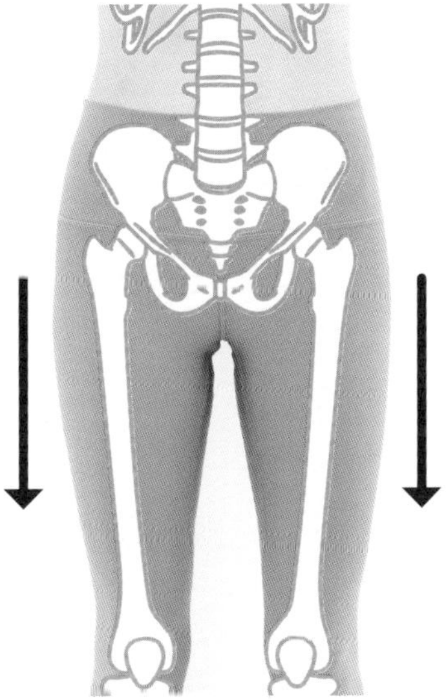

股関節にねじれがなく、可動域が十分であれば、脚がまっすぐ下に伸びる形になるので、ひざがきちんと前を向き、筋肉が均等についてスラリとしたレッグラインになります。

動きが悪いとこんなデメリットが

- ☑ 前ももと外ももが張り出し、腰回りが太く見える
- ☑ お尻の筋肉が退化。垂れ尻やしぼんだピーマン尻に
- ☑ 股関節で血流を圧迫。血行不良で冷えてむくむ原因に
- ☑ O脚やX脚で見た目にも悪くなる

股関節の動きをCHECK！

股関節の動きが悪く、詰まったような感じがないか、
関節を曲げる「屈曲」、関節を伸ばす「伸展」、2つの動きで確認しましょう。

屈曲の確認

股関節の動きが悪い＝詰まったような感覚はないか、股関節を曲げるもも上げで確認。腰を水平にして片脚ずつ持ち上げてグラつくなら動きが悪い証拠です。

NG

OK

腰骨を手で支える
腰の高さは変わらない
10回
その場で
足踏み
足の人さし指を
前に向ける

伸展の確認

片脚立ちになり、股関節とひざの角度を90度にし、床と平行になるまで太ももを上げて確認。腰の動きで代償せず、股関節を使って脚を上げられますか？さらにひざを曲げたまま脚を後ろに引き、股関節の前側を伸ばしたとき腰が反るようであれば動きが悪い状態です。

OK
体をまっすぐにする
股関節とひざは90度曲ける
腰は丸めずに伸ばしたままにします
ひざが骨盤より後ろに行けばOK
NG

CHECK_02

背中上部

かたいと背骨のなめらかな動きの妨げに

上半身で重要なのが、首の骨、そして背骨の胸椎という骨が積み重なっている背中上部です。この部分は、ゆるやかなS字カーブを描いている状態が理想的。ところが現代人の多くはスマホ操作やデスクワークなどで長時間前かがみになっているため、首はいわゆるストレートネックになり、胸は前側に閉じ、背骨が丸まった状態でかたまっています。ピラティスでは、背骨の１つ１つをなめらかに動かしたり、伸ばしたりする動きを大切にしますが、その際に背中上部の柔軟性がとても重要になるのです。また、ピラティスでは動きに合わせて深い呼吸を繰り返すのがルールです。けれども背中上部がかたいと肋骨の動きが悪くなるため、深い呼吸になりません。ピラティスの効果を実感するためにも、首の動きで背中上部のかたさをチェックしてみましょう。

かたいとこんなデメリットが

☑ 猫背　☑ 肩コリ　☑ 二重あご

背中上部のかたさをCHECK！

まっすぐ立った状態であごを上げたとき、背中上部が連動して反らず、首だけしか動かないのは背中上部がかたい証拠。ストレートネックで猫背の可能性が高いです。ピラティスで改善していきましょう。

NG

背中上部がかたいと首がしなやかに動かず、あごが上を向かずに頭が前に出てしまう状態に。

OK

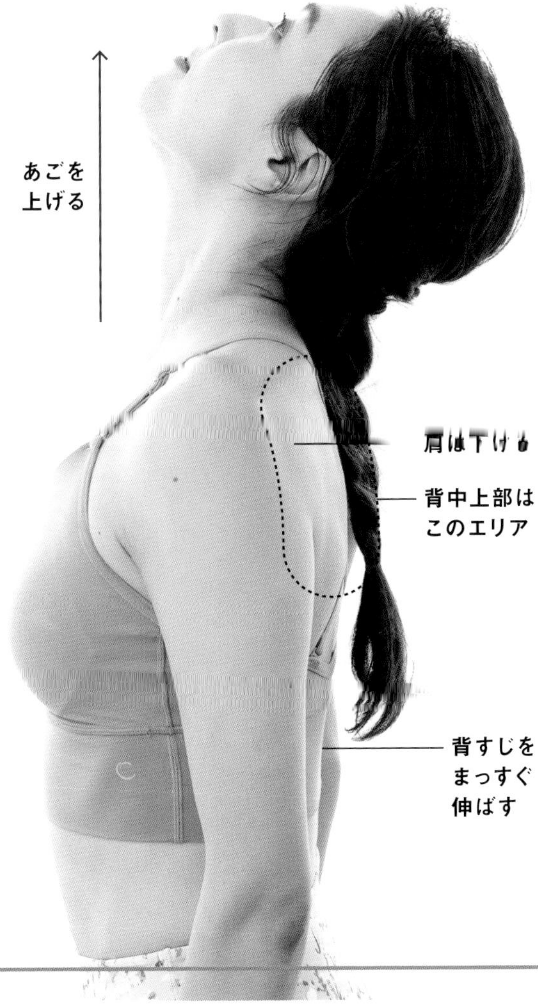
あごを上げる
肩は下げる
背中上部はこのエリア
背すじをまっすぐ伸ばす

ピラティスで注目すべき骨格

CHECK_03

背中下部

呼吸や姿勢をサポートする大事な部分

背中下部とは、この本では、肩甲骨の下部からみぞおちのちょうど裏にある肋骨の下部までを指します。背中上部と同様、現代人はここがかたく、長時間の不良姿勢で前に丸まっていたり、その逆で反り腰になったりしているのが特徴です。背中下部はピンとした姿勢を保つ脊柱起立筋《せきちゅうきりつきん》という筋肉と深く関わるところですから、丸まる、反るなどの悪い状態でかたまったままだと不良姿勢に直結。それにより腹筋が弱くなりやすいので、体幹に力が入らずぽっこりおなかになったり、腰回りがもたついたりします。さらに、背中下部は呼吸、そして24ページで解説する骨盤の傾きと関連があります。背中上部と同様、かたくなると肋骨の動きが悪くなるため深い呼吸になりません。また、ピラティスの基本であるニュートラルポジション（→P.31）を保つためにも、背中下部の柔軟性が必要なのです。

かたいとこんなデメリットが

- ☑ 反り腰
- ☐ わき肉
- ☑ 振り袖肉

背中下部のかたさのCHECK！

壁から足を少し離して立ち、
頭、肩甲骨、背中をつけて壁と腰の間を手のひら1枚分空けたときに頭がつかないのはかたい証拠。
また頭はついても壁と腰の間が手のひら1枚分以上空く場合は反り腰で、これもかたい証拠です。

NG

腰と壁の間を手のひら1枚分保とうとすると、猫背の人は写真のように頭が前に。

OK

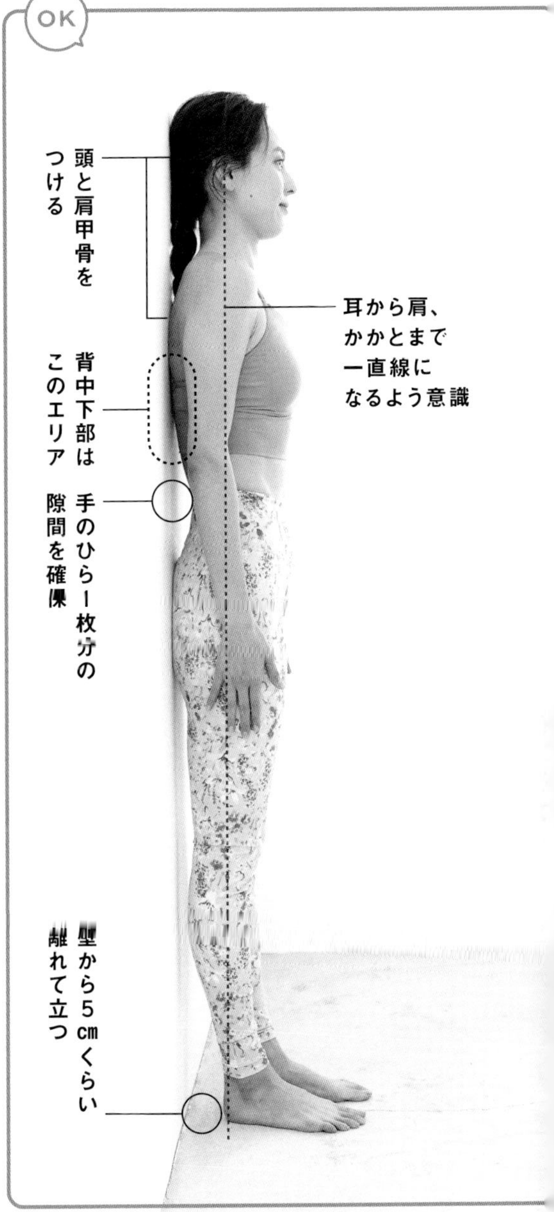

頭と肩甲骨をつける
背中下部はこのエリア
手のひら1枚分の隙間を確保
壁から5cmくらい離れて立つ
耳から肩、かかとまで一直線になるよう意識

ピラティスで注目すべき骨格

CHECK_04

骨盤

ピラティスで常に意識する、要となる骨格

上半身と下半身の骨をつなぐ中継的な役割を持つのが骨盤です。骨盤は、正しい姿勢の維持に関わる要となる骨。骨盤が後ろに傾いている「後傾」になると背中や腰が丸まっておなかが出て、その逆に骨盤が前に傾いている「前傾」になると反り腰になり、前ももに負担がかかる姿勢になります。つまり骨盤の傾きはボディメイクにおいて重要なポイントなのです。ピラティスでは、最初のスタンバイのときはもちろん、体を動かしている最中も意識するのは骨盤の傾きです。骨盤をフラットにさせる「ニュートラル」（→P.30、41）、やや後傾させる「インプリント」（→P.30）という動きを繰り返して行うため、骨盤周りが柔軟に動かせることもピラティスの効果を高めるためには重要な要素になってきます。骨盤を動かして傾きと同時に柔軟性もチェックしましょう。

ニュートラルでないとこんなデメリットが

☑ 下腹ぽっこり　☑ 垂れ尻　☑ 浮き輪肉　☑ 前もも張り

骨盤の傾きをCHECK！

イスの座面に対して骨盤を立たせて座り、ニュートラルな状態に。
そこから骨盤を前傾させたり、後傾させたりして柔軟性や傾きの確認を。
ピラティスでは骨盤を動かす感覚をとても大切にします。

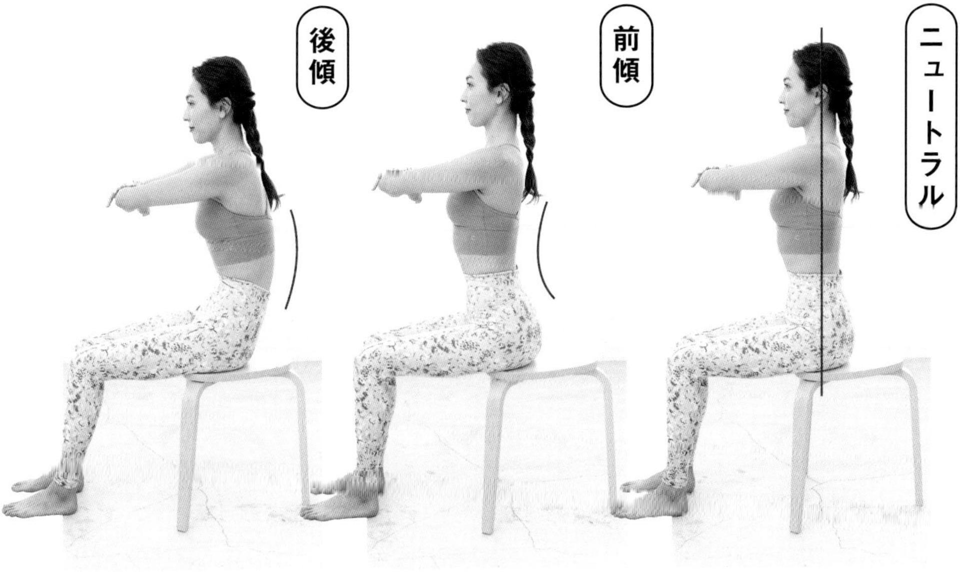

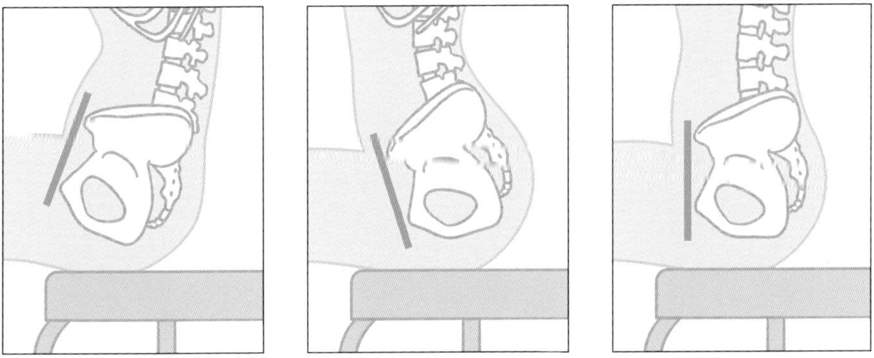

骨盤が後ろに倒れている状態。ピラティスでは骨盤を後傾させる動きがあるので感覚の確認を。

骨盤が前に倒れている状態。なお、ピラティスでは前傾にする動きはほとんどありません。

座面に対して骨盤が立っている状態。ピラティスでは、骨盤をニュートラルにする動きを大切にします。

骨格にアプローチする

ピラティス5つのポイント

P.16～解説した骨格に対して効果的にアプローチするには、ピラティス特有の5つポイントを意識することが大切です。

1 ― しっかりとした呼吸

ピラティスで重要なのは鼻から吸う深い呼吸です。深い呼吸は、ただ酸素を多く取り込むだけが目的ではありません。深い呼吸により横隔膜をはじめとする腹横筋などのインナーマッスルのほか、肋骨周りの肋間筋、横隔膜と連動する骨盤底筋群などの筋肉に広くアプローチできます。普段無意識で行っている呼吸は、ほとんど横隔膜によるもののため浅くなりがちで、肋骨周りの筋肉はあまり使われていません。そうして肋骨周りの筋肉がかたくなってしまうとピラティスの動きが雑になり、しなやかな筋肉づくりができません。ピラティスは深層部の筋肉の柔軟性を高めながら、正しい姿勢で骨格を本来の位置に導き、機能的な体をつくるのが目的。呼吸が浅いままだとインナーマッスルが十分に働かず効果を得られません。

しっかりした呼吸の確認

スゥ

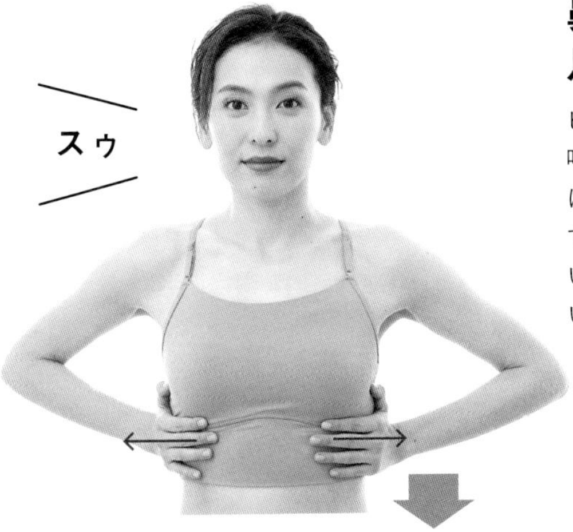

鼻から5秒かけて息をゆっくり吸う

ピラティスは胸を膨らます、胸式呼吸が基本です。手を広げて肋骨に添え、鼻から大きく息を吸います。このとき呼吸が苦しい、あるいは肋骨の動きが手で感じられない場合は呼吸が浅い状態です。

5秒息を止める

フゥー

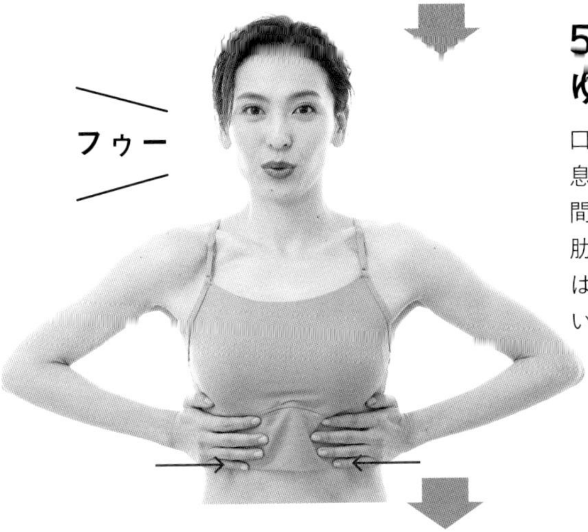

5秒かけてゆっくり息を吐く

口から、あるいは鼻からゆっくり息を吐き出します。今度は肋骨の間が閉じていくのを感じましょう。肋骨が閉じない、肩に力が入る人は、基本の呼吸がうまくいってない可能性が高いです。

5秒息を止める

5セット
繰り返して確認！

2 — 正しい位置での軸キープ

骨格にアプローチするピラティスのポイント

ピラティスは体のさまざまな筋肉を動かしていきますが、この際に意識してほしいのが安定した状態での軸キープです。軸というと背骨や骨盤といった骨格も関係しますが、ここでいう軸とは、私たちのおなかの中にある「パワーハウス」のこと。これは主に、肋骨の下から2番目の骨あたりに広がる「横隔膜」、骨盤の底に広がる「骨盤底筋群」、そこに挟まれるようにして存在している、呼吸に合わせて風船のように膨らむ「腹腔」などにより構成されています。インナーマッスルである横隔膜と骨盤底筋群がどちらも床と平行に近い状態であり、かつ内側から外に働く腹腔内圧と腹筋や背筋などの外側の腹壁からなる外圧で安定している状態こそが、正しい位置での軸キープとなり、ピラティスで目指している大切なポイントになります。

軸の正しい位置の確認

NG

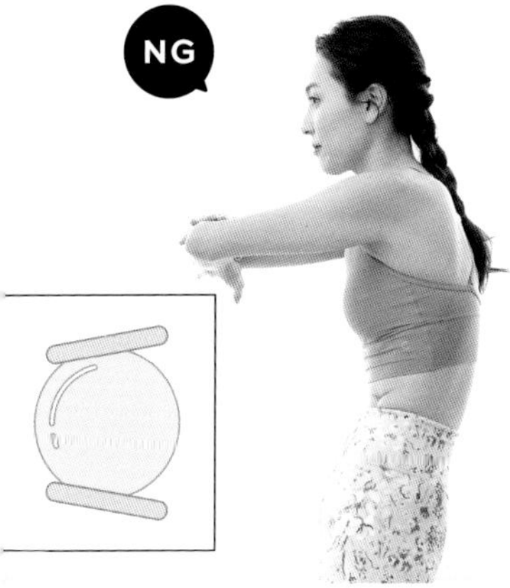

骨盤が後傾して体幹が潰れてしまうと腰への負担が増し、骨盤の位置がずれておなかの力が抜けてしまうため、ぽっこりおなかの原因に。肋骨も閉じたままになるため、呼吸が浅くなります。

OK

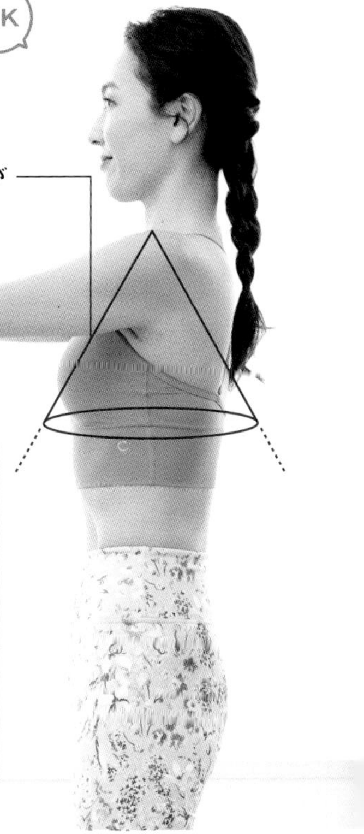
ランプシェードが
真下を照らす
イメージ

腹腔内のイメージ

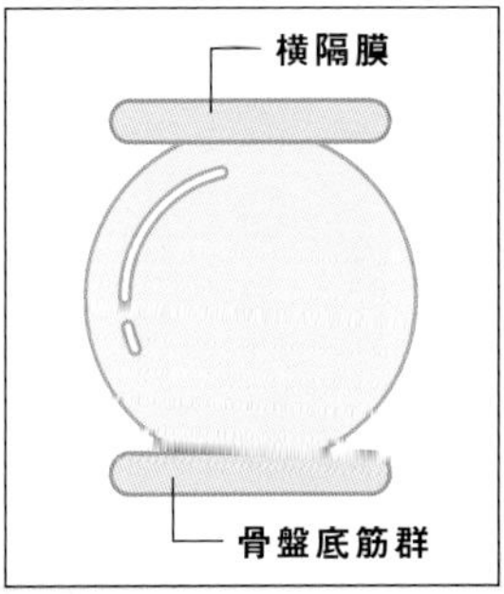
横隔膜
骨盤底筋群

NG

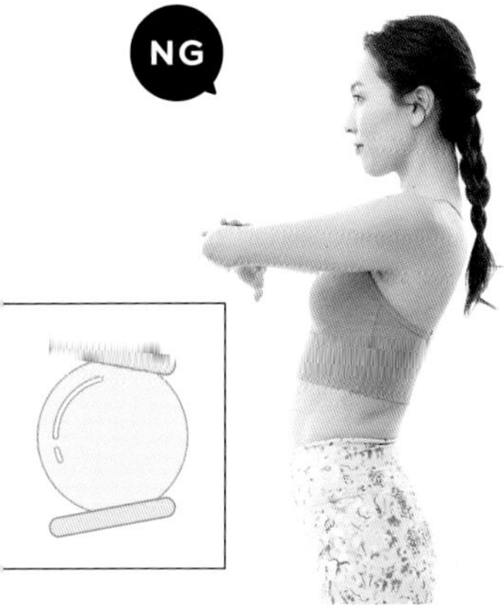

骨盤が前傾して反った状態になると、前ももに負担がかかるだけでなく、反り過ぎにより腰に負担がかかり、おなかにも力が入りづらくなります。内臓が前に出た状態になり、ぽっこりおなかの原因に。

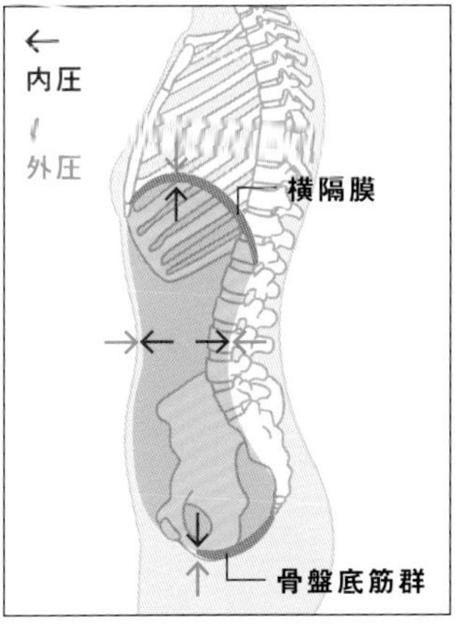
←
内圧
←
外圧
横隔膜
骨盤底筋群

肋骨の下から2番目の骨のあたりに広がる横隔膜と骨盤の底にある骨盤底筋群が床に対して平行。イメージはランプシェードで真下を照らした状態です。さらに体の中にある風船(腹腔)を内側からの力である内圧と、外側からの外圧で安定させている状態が正しい軸の位置。

3 基本姿勢ニュートラルポジションと骨盤のインプリントをマスターする

骨格にアプローチするピラティスのポイント

ピラティスで最初に覚えたい基本姿勢は、ニュートラルポジションです。具体的には、床にあおむけになってひざを立て、腰と床の間が手のひら一枚空いた、骨盤が床に対して平行の状態です。なお、骨盤が平行の状態は左下の写真のようにおなかに手のひらをつけて確認します。ピラティスには、うつぶせや横向きで行うものもありますが、どの体勢であっても最初に覚えたニュートラルポジションを意識することが大切です。さらにピラ

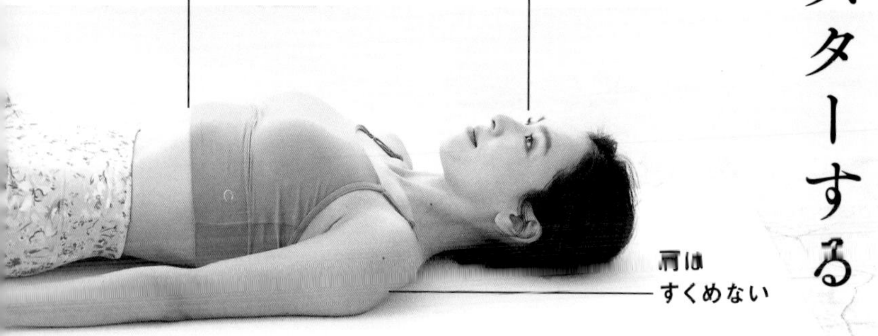
みぞおちを開かないように
軽く閉じる
目線は
正面に
肩は
すくめない

ティス内では、骨盤が平行の状態から骨盤を後傾させる「インプリント」という感覚を大事にします。詳しい動きに関してはP.41で解説します。

腰と床の間は 手のひら1枚分をキープ

骨盤を床に対して 平行に保つ

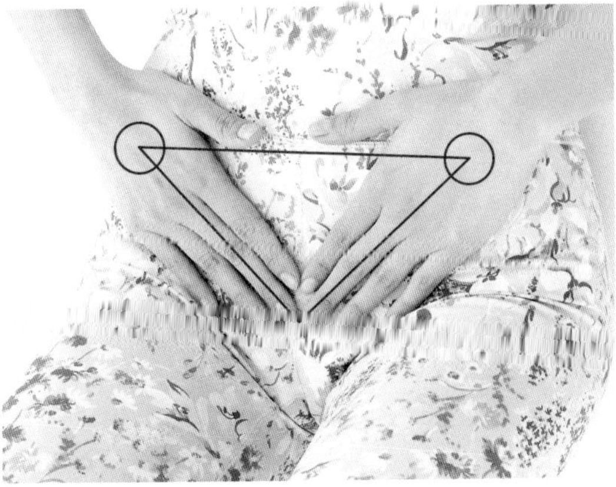

上から見たところです。腰の左右にある出っ張った骨「上前腸骨棘《じょうぜんちょうこつきょく》(ASIS)」に親指の下の膨らみを添え、親指と人さし指で三角をつくり、おなかにつけます。中指があたった部分がちょうど恥骨結合。この三角形が床に対して平行な状態がニュートラルのポジションです。

脚の間は
こぶし1個分
空ける

骨格にアプローチするピラティスのポイント

4 関節同士を広げて伸ばす感覚、エロンゲーションを意識する

「エロンゲーション」とは、ピラティス中に意識したい、軸を安定させながら関節同士を伸長する動きです。体の中心から下半身は股関節やひざ、上半身は肩や首など、あらゆる関節を中心から放射状に外に向かってエネルギーを放出するイメージで背骨を伸ばしていきます。私たちの体は常に重力の影響を受けていますが、これに逆らう伸びる動きにより骨格が整い、これが姿勢の安定やボディメイクに役立ちます。

エロンゲーションの語義は「伸長」で、ヒップリフト（→P.42）など多くのピラティスにある動きです。この伸ばす意識がボディメイクに一役買います。

骨格にアプローチする
ピラティスのポイント

5 — 背骨をひとつずつ丁寧に動かす アーティキュレーションを意識する

ピラティスにおける骨をなめらかに動かすムーブメントの際に意識したいのが「アーティキュレーション」です。これは7個の頸椎、12個の胸椎、5個の腰椎、仙骨、尾骨の合計27～28個の集合体である背骨1個ずつの動き。ピラティスでは、こうした細かい部分まで意識して動かすことが、しなやかな筋肉を育てるためにも必要です。背骨本来の柔軟性を取り戻すことは、機能的に動ける体づくりにもつながります。

アーティキュレーションとは「関節」「区切る」という意味。ヒップリフトの背骨を連動させながらお尻を上げるときなどに意識します。

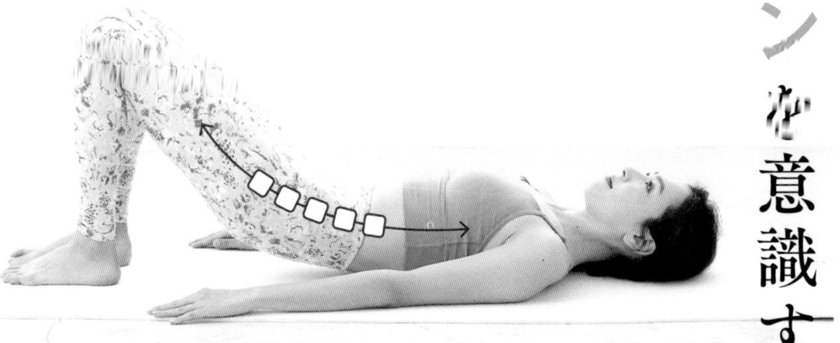

必須ピラティスを徹底マスター

ピラティスには、たくさんのポーズがあります。しかし、肝心なのは数多く覚えるのではなく、深い呼吸、軸の安定などのポイントを忠実に守りながら、全身をバランスよく鍛えること。それは初心者でも上級者でも共通の基本です。レッスン2は、覚えたい必須ピラティス4つを厳選。それぞれの動きを完璧にこなすためのストレッチやトレーニングを組み込んだプログラムで、効率的なボディメイクを叶えます。

BODY MAKE
PILATES

LESSO

はこの4つのみ！

きものは、この4つ。絞り込んだ4つで理想のボディラインが手に入ります。

ヒップリフト — 1

あおむけになり、ゆっくりお尻を上げて下げていく、ピラティスの基本中の基本の動きです。

— Page_042

スワン — 2

うつぶせになり、かたくなりがちな背中をストレッチする、白鳥を思わせる動きです。

— Page_054

マスターすべきピラティス

世の中に広く知られているピラティスは数多くありますが、基本でもあり押さえるべ

ハンドレッド ー 3

Page_062

腹筋に負荷をかけながら呼吸に合わせて腕を上下に100回（＝ハンドレッド）振る動きです。

サイドキック ー 4

Page_0

体の側面の筋肉に負荷をかける、横向きの体勢でキックする動きです。

のベースとなる
をマスター

を意識しながら、「基本の動き」を体に叩き込みましょう。
ールすることも、ピラティスをする上で大切な要素になります。

1 基本の姿勢を取る

基本となるニュートラルポジションをつくります。あおむけになり、ひざを曲げ、脚の間をこぶし１個分くらい空けます。腰と床の間は、手のひら１枚分入る隙間をキープ。

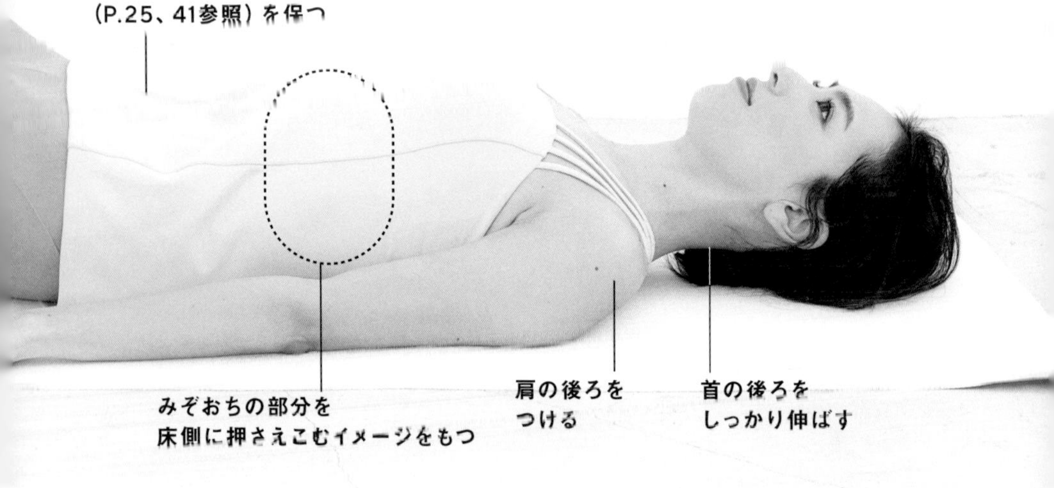

骨盤のニュートラル
(P.25、41参照）を保つ
みぞおちの部分を
床側に押さえこむイメージをもつ
肩の後ろを
つける
首の後ろを
しっかり伸ばす

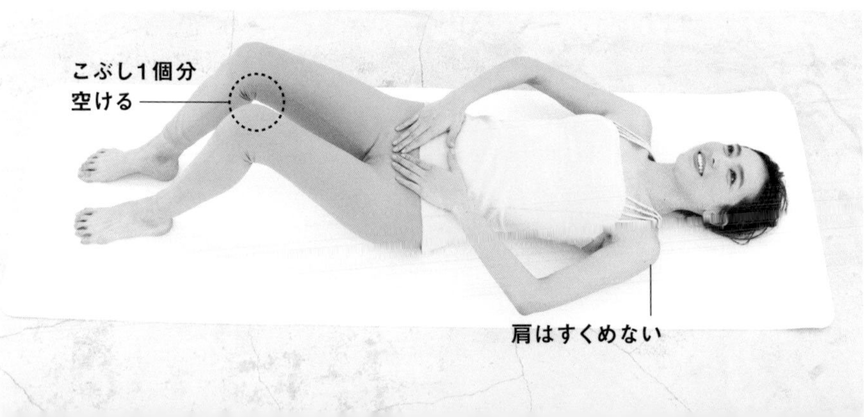

こぶし1個分
空ける
肩はすくめない

４つのピラティス
基本の動き

いきなりピラティスに入らず、まずは呼吸や骨盤の傾きなど
骨盤の動きである「ニュートラル」と「インプリント」をコントロ

動画を
check！

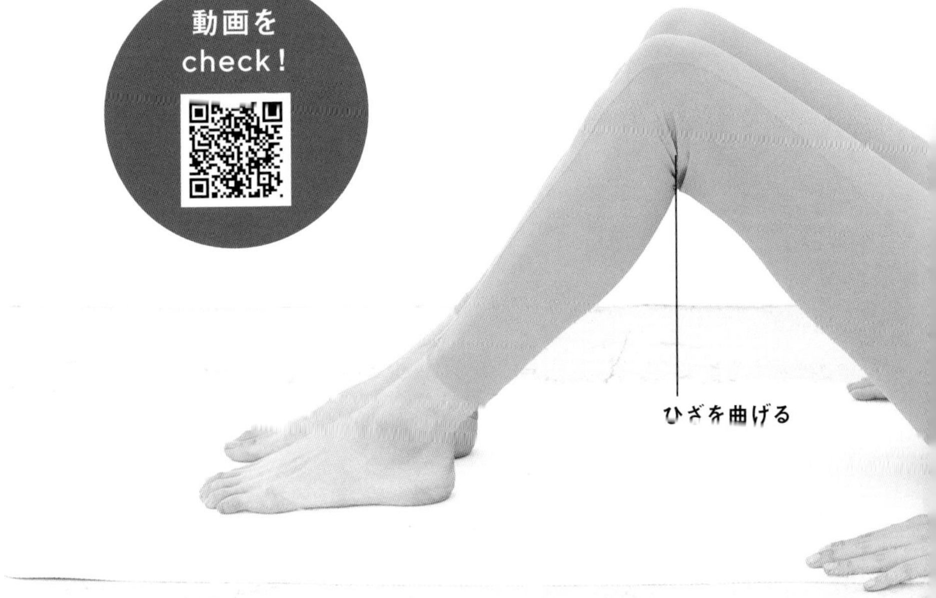

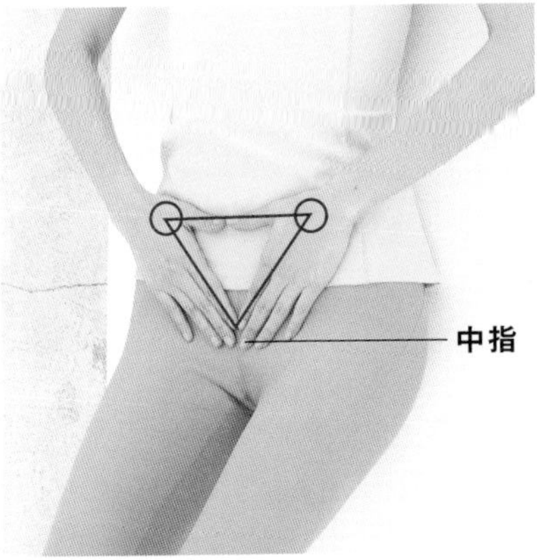

手をあて
骨盤の傾きを確認

骨盤の出っ張った骨（上前腸骨棘／ASIS）に親指の付け根をあて、親指と人さし指で三角形をつくり、手のひらと床を平行に保ちます。なお、中指が位置するところが恥骨結合です。

2 息を鼻から吸う

ピラティスは鼻から息を吸う腹式呼吸です。おなかを引き上げながら肋骨の骨と骨の間を広げるようにして、胸に空気をしっかり入れていきます。骨盤はニュートラルをキープ。

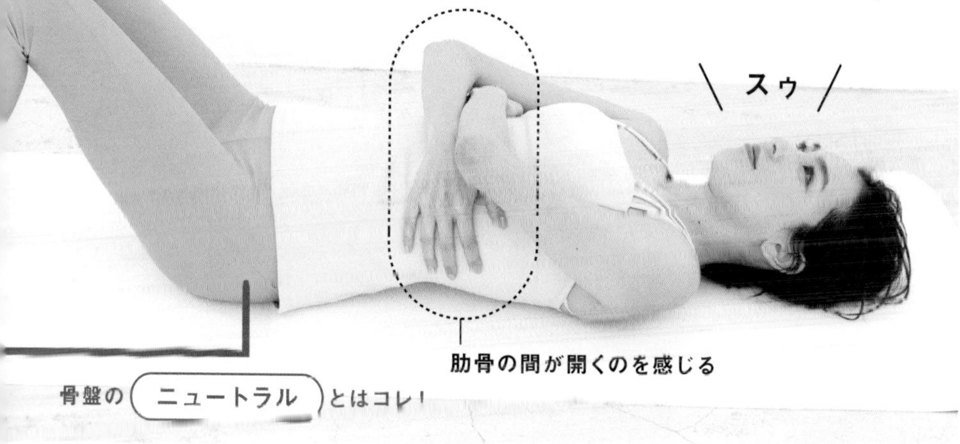
スゥ
肋骨の間が開くのを感じる
骨盤の ニュートラル とはコレ!

3 ゆっくり息を吐く

息を口か鼻からゆっくり吐きながらおなかを凹ませ、背中とおなかを薄くします。骨盤はインプリントの状態をつくりましょう。

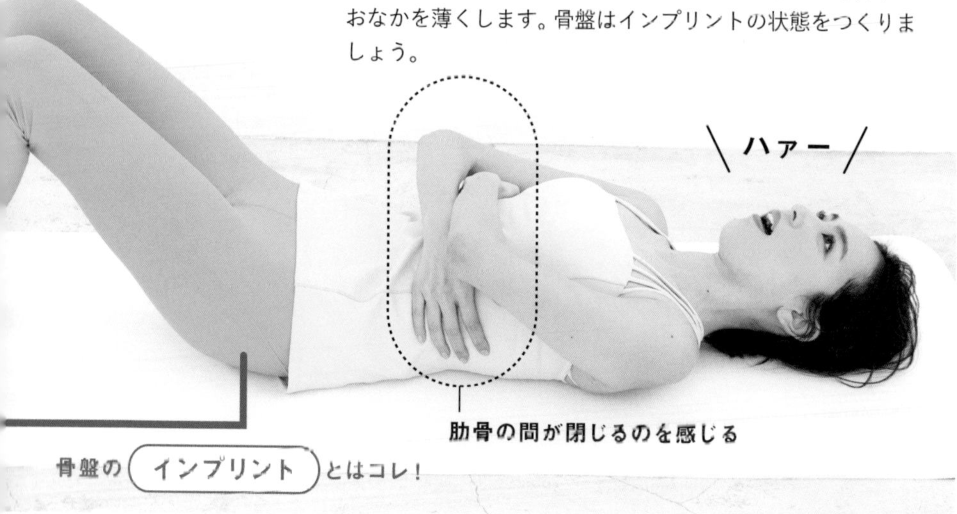
ハァー
肋骨の間が閉じるのを感じる
骨盤の インプリント とはコレ!

※腕で胸を抱え込むようにして呼吸を繰り返し、肋骨の動きを確認しますが、慣れてきたら手は、手のひらを床に向けておきます。

ピラティスの中で何度も出てくる ニュートラルとインプリントも 覚えておきましょう

ニュートラル

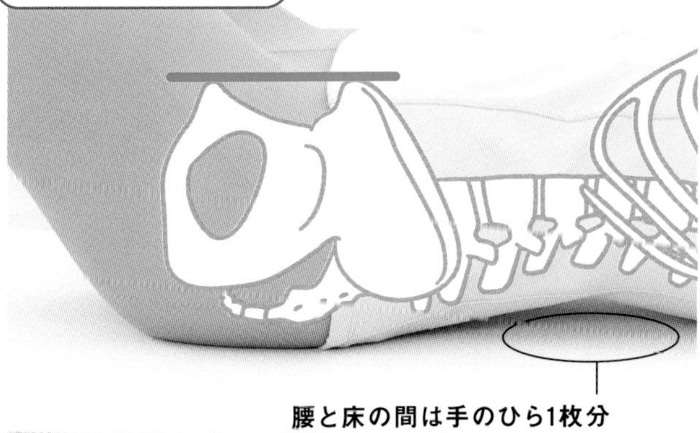

腰と床の間は手のひら1枚分

骨盤をまっすぐにした状態をニュートラルといいます。あおむけのときは、骨盤は床に対して平行に保ちます。息を吸うとき腰が反って骨盤が前傾しやすくなりますが、腰と床の間は手のひら１枚分をキープします。

インプリント

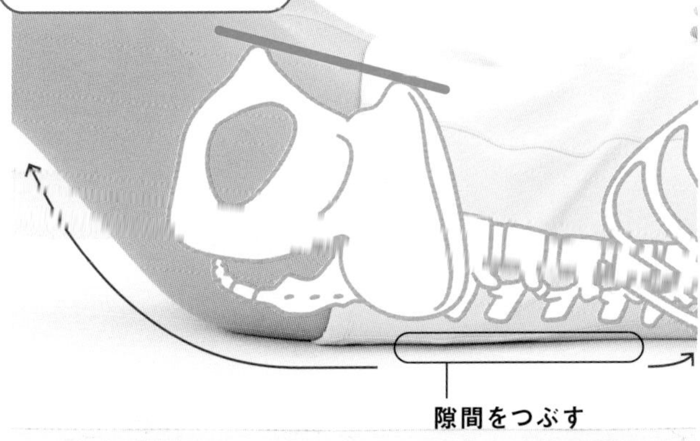

隙間をつぶす

矢印の方向に骨盤を動かし、恥骨を軽く天井に向けるようにして骨盤を後傾させた状態をインプリントといいます。ピラティスでは何度も出てくる動きです。ニュートラルと繰り返して行い、違いを覚えておきましょう。

PILATES 1

ヒップリフト

LIFT

ピラティスで押さえておきたいポイントが、すべて集約されている重要な動きです。お尻から背骨を1個ずつ巻き上げていくような動きでアーティキュレーションを、お尻が上り切ったときに体をまっすぐにする動きでエロンゲーションを意識します。おなかと背中、体の前後をバランスよく鍛えられ、特に衰えがちなお尻と裏ももへのアプローチは抜群です。

ヒップリフトのボディメイク効果

- ☑ 衰えがちなお尻の筋肉が引き締まりヒップアップ！
- ☑ おなかの深層部の筋肉が鍛えられ、ペタ腹に
- ☑ 裏ももが鍛えられて前ももの負担が減り、スラリ脚に

ヒップリフトのための 練習 1

TRAINING

前もも伸ばし

左右各 30〜60秒

1

体の側面を床につけ下の脚を曲げる

左の体側を床につけてまっすぐ寝そべり、床についている左脚の股関節とひざを90度に曲げる。左腕はひじを曲げて頭の下に置き、右手は体の前につき、体を支える。

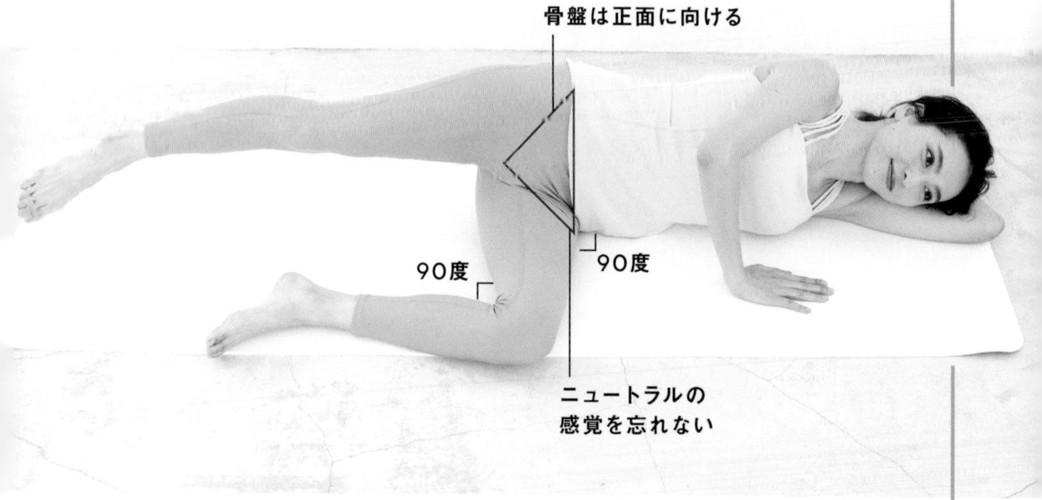
骨盤は正面に向ける
90度
90度
ニュートラルの
感覚を忘れない

動画を
check！

前ももがかたいと股関節の動きが制限されて、ヒップリフトの際に重要になる、お尻やおなかの深層部の筋肉が衰えます。まずは、ストレッチで太ももへの負荷をやわらげましょう。

2
上の脚のつま先を手でつかみ、前ももを伸ばす

上の脚のひざを曲げ、つま先を右手で持ち、背中を反らないように気をつけながらひざを後ろ側に引き、前ももを伸ばす。この状態をキープ。

NG

脚を後ろに引っ張りすぎると、腰が後ろに反って体幹の力が抜け、ストレッチの効果が落ちるので注意。

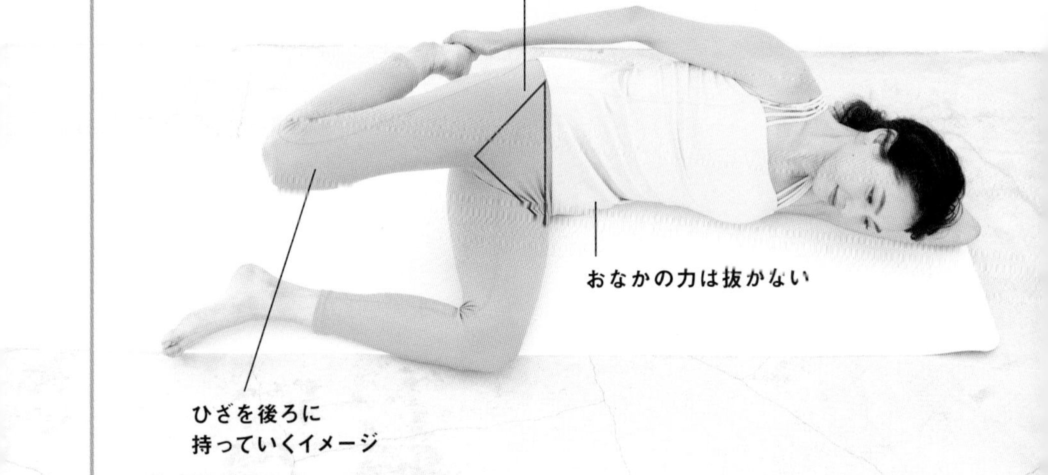
少し背中を丸めて
骨盤を後傾させ
インプリントを意識する
おなかの力は抜かない
ひざを後ろに
持っていくイメージ

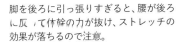

ヒップリフトのための 練習2

TRAINING

股関節の伸展

10回
×2セット

1

正座をして
みぞおちあたりに
手を置く

床に正座し、両手を肋骨の下の
みぞおちあたりに添える。その
状態で鼻から息を吸い、肋骨の
骨と骨の間が開くのを感じる。

動画を
check！

ヒップリフトの際に重要な、お尻とおなかを連動させる練習です。股関節の伸展と背中上部背中下部を丸める動きは、反り腰の改善や背骨をなめらかに動かす練習になります。

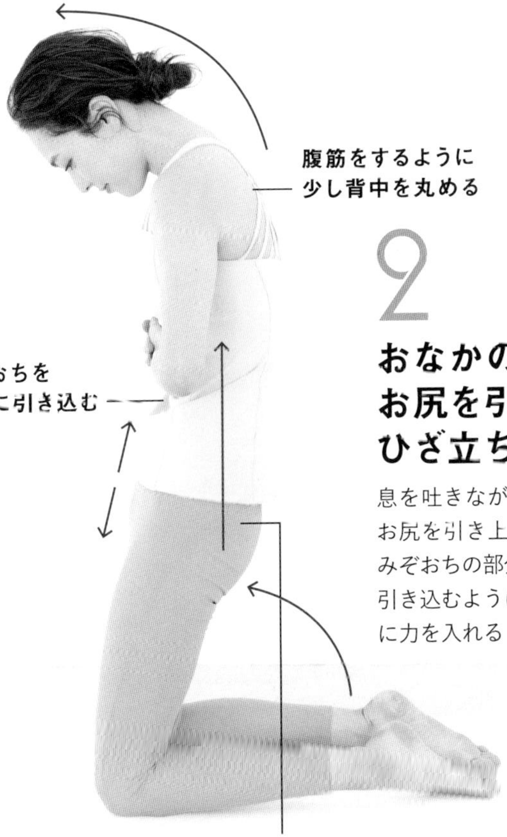
腹筋をするように
少し背中を丸める
みぞおちを
内側に引き込む
お尻を締める

2

おなかの力で お尻を引き上げて ひざ立ちになる

息を吐きながら腹筋を使って、お尻を引き上げてひざ立ちに。みぞおちの部分をグッと内側に引き込むようにするのがおなかに力を入れるコツ。

NG

前ももの力を借りて立ち上がると、背中が反っておなかに力が入らない。みぞおちのあたりに力を入れて。

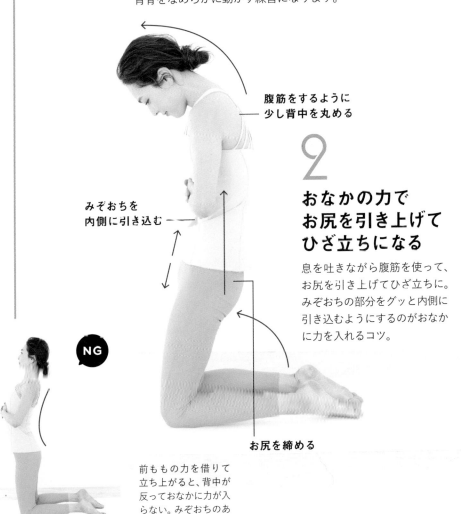

ヒップリフトのための 練習3

TRAINING

壁を使ってヒップリフト

10回

1 壁に足裏をつけ、ひざと股関節を90度に曲げる

あおむけになり、ひざと股関節を90度に曲げ、壁に足裏をつける。息を吸って骨盤をニュートラルにしたら、息を吐いて骨盤をやや後傾にするインプリントに。

インプリント

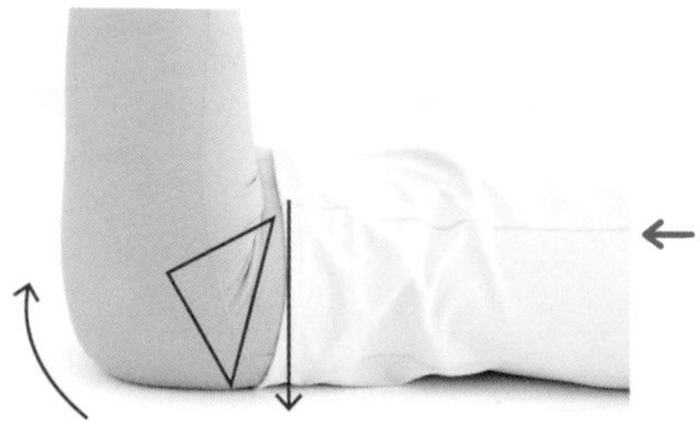

一度息を吸い、吐くタイミングで、骨盤をやや後傾させ（矢印の方向に骨盤を動かし、恥骨を上に向ける）、腰と床の間をつぶす。

ニュートラル

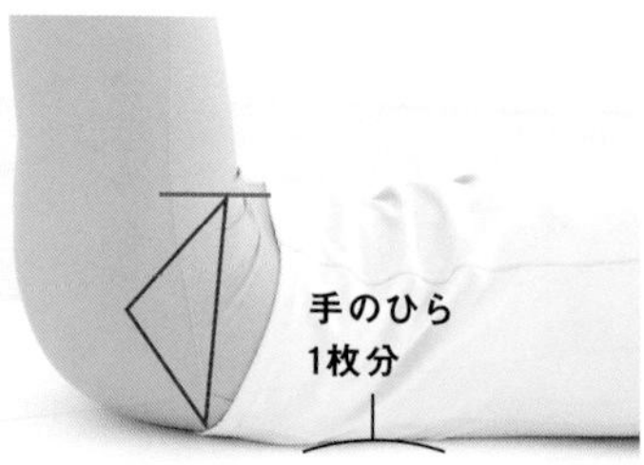

スタンバイでは骨盤は床と平行の状態＝ニュートラルにし、腰と床の間は手のひら１枚分に。

動画を
check！

ヒップリフトのお尻を上げる動きを、壁を使って練習します。呼吸、骨盤の位置、背骨の１個ずつのなめらかな動きを意識しながら、ひとつずつの動作を丁寧に行いましょう。

2 足裏で壁を押し ゆっくりお尻を上げる

①の骨盤を後傾させた流れで、足裏で壁を押し、息を吐きながらお尻の尾てい骨から背骨を巻き上げるようにして、床から少しだけお尻を上げる。

3 壁をしっかり押して さらにお尻を上げる

お尻をさらに高く上げておなかとお尻（骨盤底筋群）の筋肉を刺激する。息を吐き切ったら再び息を吸い、今度は逆に背骨１個ずつの動きを意識しながら、背中、お尻と床につけていく。

LET'S TRY IT!

5回

ヒップリフト

動画をcheck!

1 あおむけでひざを曲げ、骨盤をニュートラルに

あおむけになり、骨盤が床と平行のニュートラルの状態をつくる。次に息を吸って吐きながら骨盤をインプリントに。

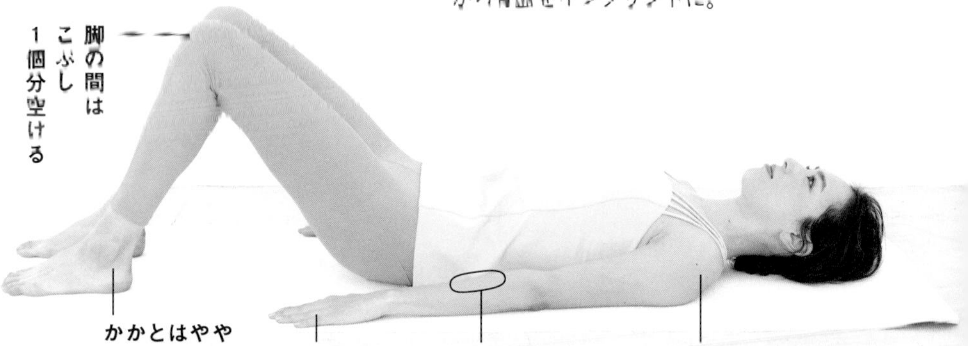
脚の間はこぶし1個分空ける
かかとはやや体に近づける
手のひらは下に向ける
腰と床の間は手のひら1枚分
肩は上げない

インプリント

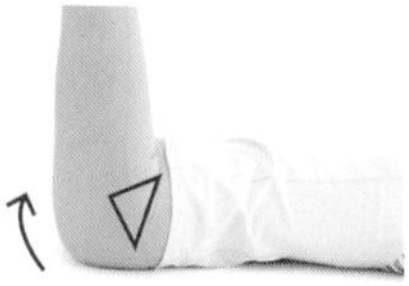

息を吐きながら骨盤をやや後傾にしてから②の動きへ。

ニュートラル

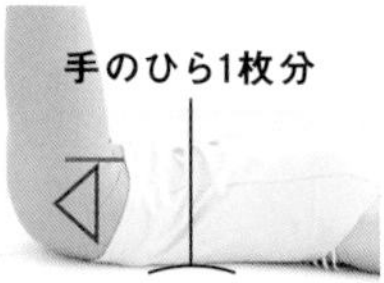
手のひら1枚分

腰が反らないよう息を吸い、胸に空気を入れ込む。

NG

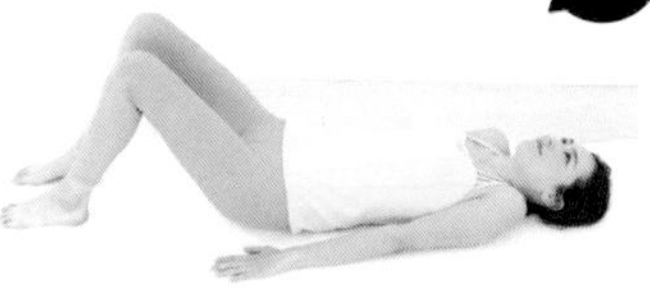

ひざが開きすぎたり、肩が上がったりしないよう注意する。

2 かかとで床を押し お尻を上げる

①の流れで息を吐きながら、かかとで床を押してお尻側から背骨を1個ずつ床から離すイメージで骨盤を浮かせる。背骨を1個ずつ動かすアーティキュレーションを意識する。

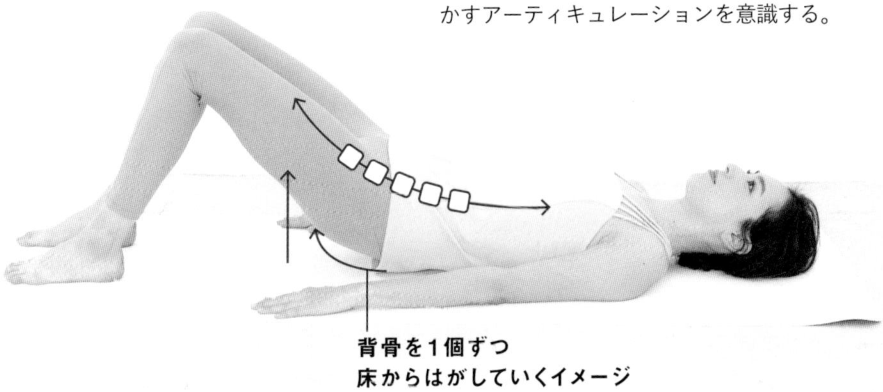
背骨を1個ずつ
床からはがしていくイメージ

3 お尻を上げて 骨盤をニュートラルに

息を吐き切ったところでお尻を上げてギュッと締め。おなかの中心に壁をつくるイメージで、お尻は上へ、おなかは下にする。同時に骨盤が体に対して平行なニュートラルな状態を意識する。

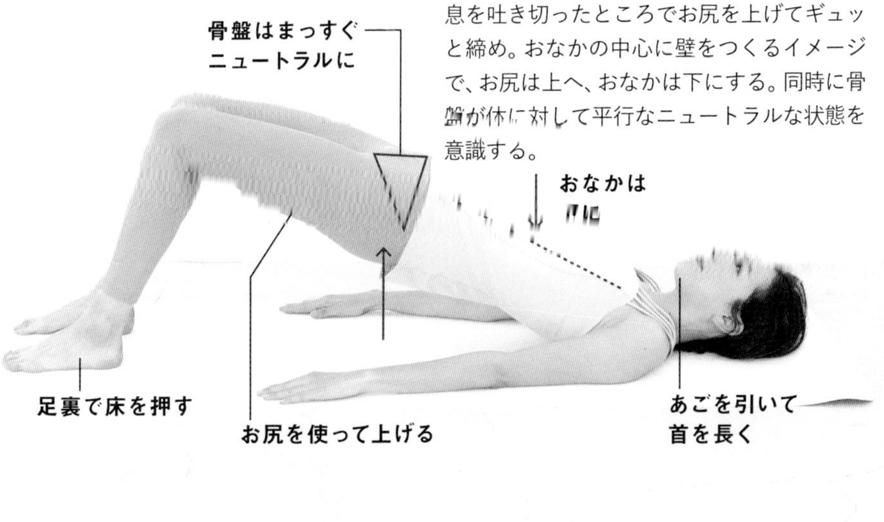
骨盤はまっすぐ
ニュートラルに
おなかは
足裏で床を押す
お尻を使って上げる
あごを引いて
首を長く

« ヒップリフトは次のページに続きます

4 上げ切ったところでエロンゲーションを感じる

さらに、ひざから首までが一直線を意識する。ひざと頭を引っ張り合う気持ちで背骨の1個1個が伸びるエロンゲーションを感じたら息を吸う。

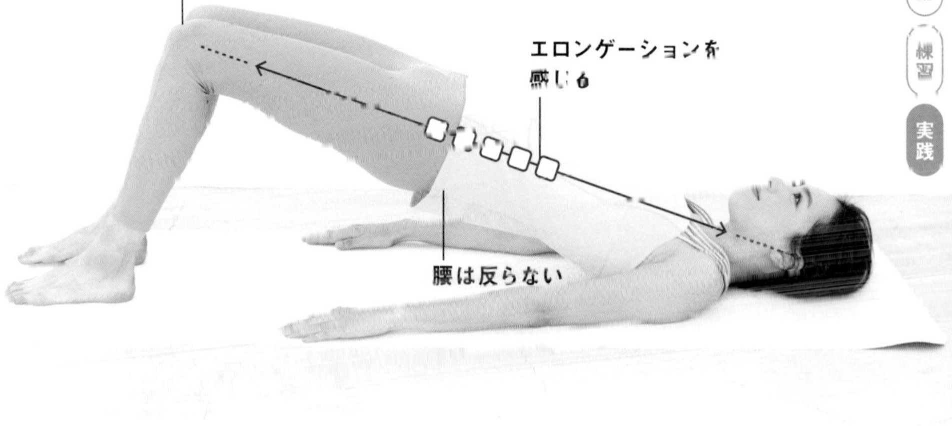
ひざは遠くに
引っ張られる
イメージで
エロンゲーションを
感じる
腰は反らない

NG

お尻を無理に上げようとして背中を反らせてしまうと、骨盤が後ろに傾きすぎておなかの力が抜けてしまう。お尻に力を入れ、一直線をキープする。

NG

脚の間はこぶし1個分をキープ。ひざが内側に入ったり、開いたりすると、おなかの力が抜けやすくなるので注意。

5 息を吐きながらお尻を下ろす

息を吐きながら、今度は背中から順番に、腰、お尻とゆっくり体を下ろしていく。このとき、骨盤は後傾をキープし、背骨を1個ずつ動かすアーティキュレーションの動きを意識する。

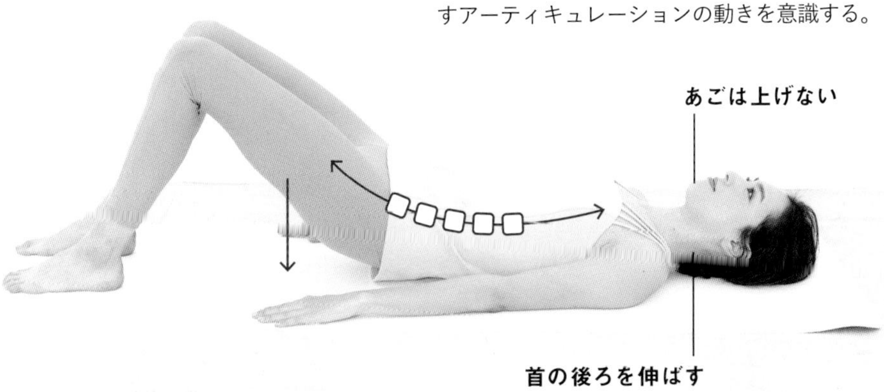
あごは上げない
首の後ろを伸ばす

6 お尻をついたら①の姿勢に戻る

背中から骨盤、お尻まで全部床につけたら、腰と床の間が手のひら1枚分が空き、骨盤が床と平行のニュートラルポジションかを確認する。

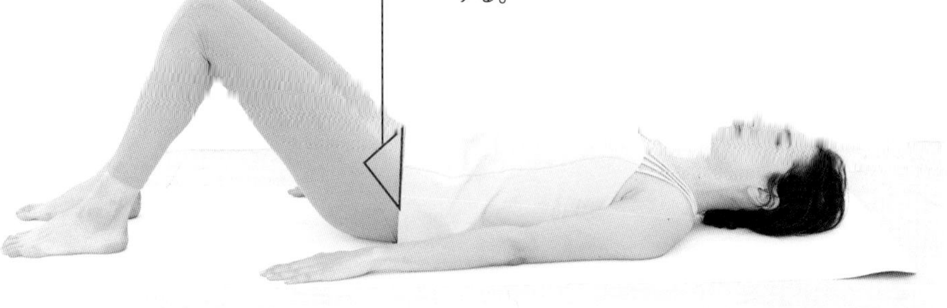
骨盤を
ニュートラルに戻す

PILATES 2

スワン

WAN

うつぶせの姿勢から上体を起こすスワンは、デスクワークなどで丸まりがちな背中上部を伸ばして美しい姿勢を維持します。ピラティス特有の深い呼吸で深層部の筋肉にアプローチすると同時に、足先から頭まで伸びを感じることで腰に負担をかけずに、背筋を効率よく鍛えることができます。

スワンのボディメイク効果

- ☑ 背筋が鍛えられ猫背改善。立ち姿がスッキリ
- ☑ 胸が開いて、下向きだったバストもアップ
- ☑ 肩や背中のもっさり感、二の腕の振り袖肉が解消

スワンのための 練習 1

TRAINING

背中上部のストレッチ

1

あぐらになり、背すじをまっすぐに伸ばす

あぐらになり、床に対して骨盤を立てて、目線を前に向け背すじを伸ばす。手をひざの上に置き、指を引っ掛けてスタンバイ。

頭から
お尻まで
まっすぐに
骨盤は
正面に向ける

動画を
check!

長時間のデスクワークなどで巻き肩になってしまうと胸が閉じ、スワンの胸を反らせて上を向く動きができません。首から背骨上部までストレッチで伸ばしましょう。

2

押し上げるようにして閉じた胸を開く

息を吸い、ひざに掛けた指を引くようにしてひじを後ろにし、胸を上に押し上げながら頭を後ろへ。肩は下げて、あごは引き、背中上部を伸ばしたら、息を吐きながらゆっくり①に戻る。

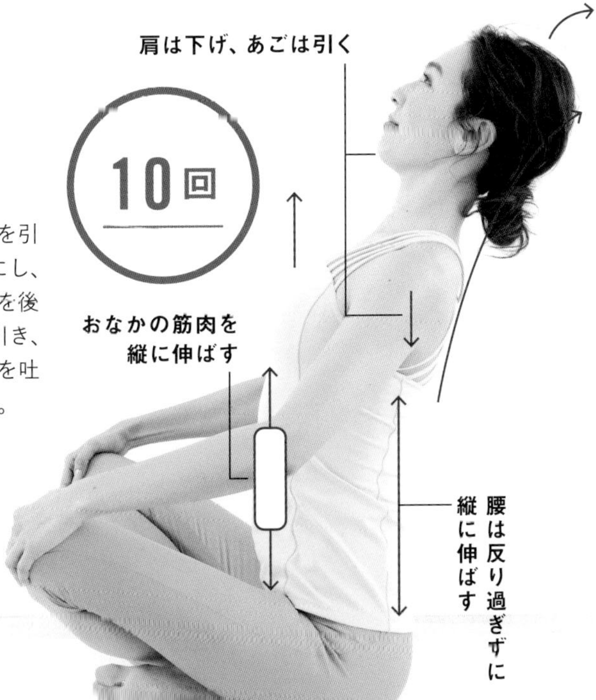
肩は下げ、あごは引く
10回
おなかの筋肉を
縦に伸ばす
腰は反り過ぎずに
縦に伸ばす

NG

あごを上げてしまうと首だけしかストレッチされない。ひざに掛けた指を引く力を利用し、胸を上に押し上げ、肋骨から動かしのけぞるのがコツ。

スワンのための 練習2

TRAINING

股関節前側の詰まり取りストレッチ

1

背すじを伸ばして片ひざ立ちになる

右脚を一歩前に出して、股関節とひざを90度曲げ、片ひざ立ちになる。骨盤は床に垂直なニュートラルな状態を意識して前を向け、頭からひざまでを一直線にする。

動画を
check!

股関節の前側がかたいと、スワンのときに腰を伸ばしながら反れないため、腰が痛くなってしまいます。ストレッチで股関節の詰まりを取り、同時に骨盤を正しい位置に導いて。

2

骨盤を後傾させ股関節の前側を伸ばす

恥骨を前に突き出すようにして上体を後ろに倒す。骨盤は少し後傾させて股関節の前側を伸ばす。上体がグラつくなら壁などに手をついてもOK。

左右各
30～
60秒

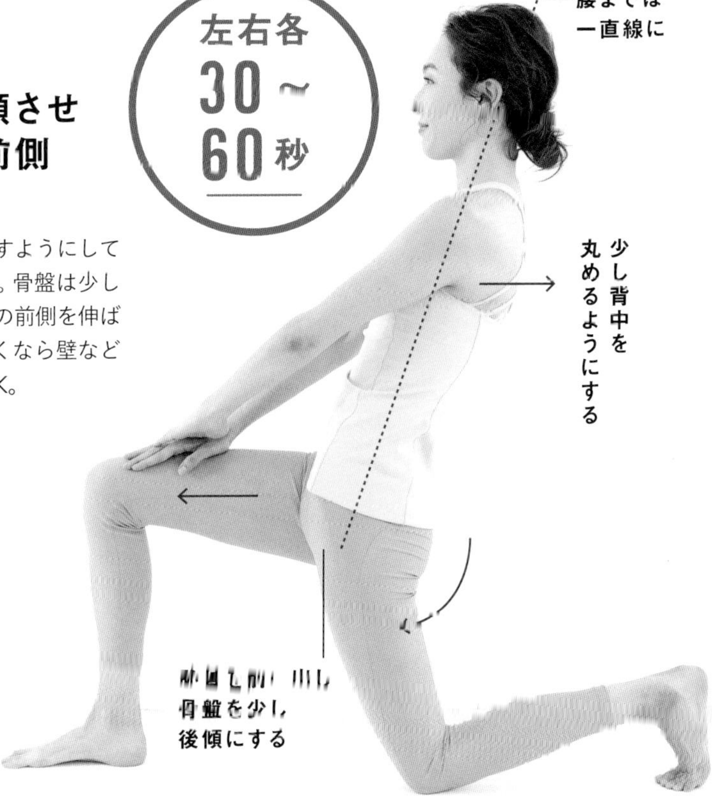
頭から
腰までは
一直線に
少し背中を
丸めるようにする
恥骨を前に出し
骨盤を少し
後傾にする

NG

腰を落とし、体全体を前にスライドさせてしまうと、体幹が抜けたストレッチになってしまう。

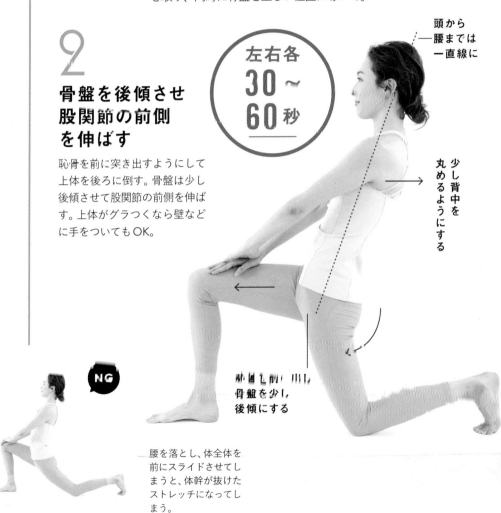

5回

スワン

1 うつぶせになって恥骨を床につけ手を顔の横に置く

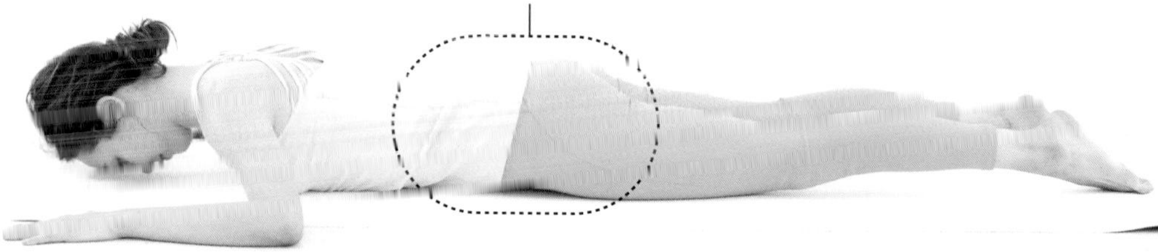
骨盤はニュートラルから
少し後傾させて
インプリントを意識

脚を腰幅に開いてうつぶせになり、ひじを曲げて手のひらを床につける。骨盤は恥骨を床に押し付けて後傾させるインプリントの動きを意識したほうがニュートラルになりやすい。

＼ 上から見ると… ／

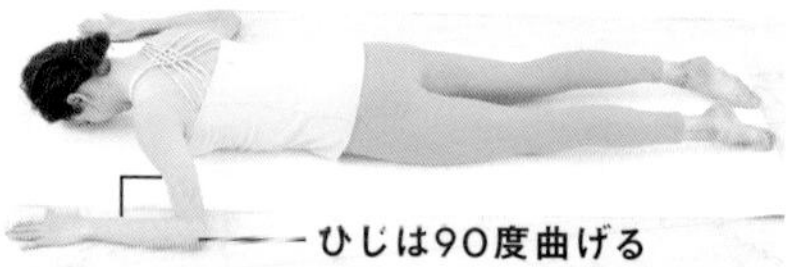
ひじは90度曲げる

2 ひじをつけたまま頭と胸を上げる

一度息を吸い、吐きながら、ひじをつけたまま肩で床を押すようにして、首、背中上部の背骨を1個ずつ動かすアーティキュレーションを意識して頭を起こす。

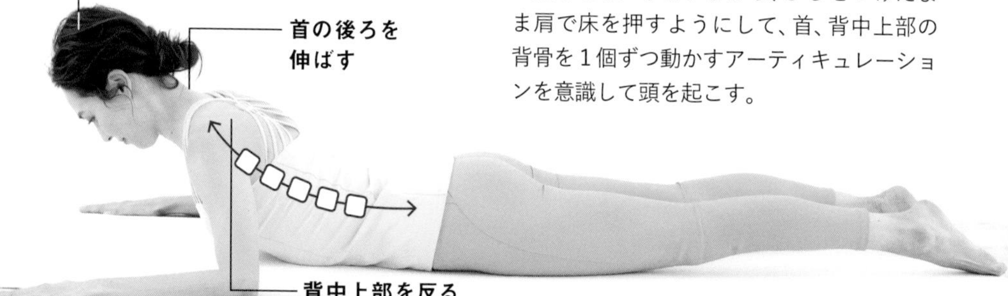
肩は下げて
目線は下に向け、
あごは上げない
首の後ろを
伸ばす
背中上部を反る

動画を
check!

3 背中の力を使い 頭を起こす

ひじを伸ばし、手で床を押して背中の力で上体を起こす。さらに恥骨を床に押しつけ、頭まで大きなアーチを描くイメージで背骨を伸ばす。息を吸って吐きながら②→①へと戻る。

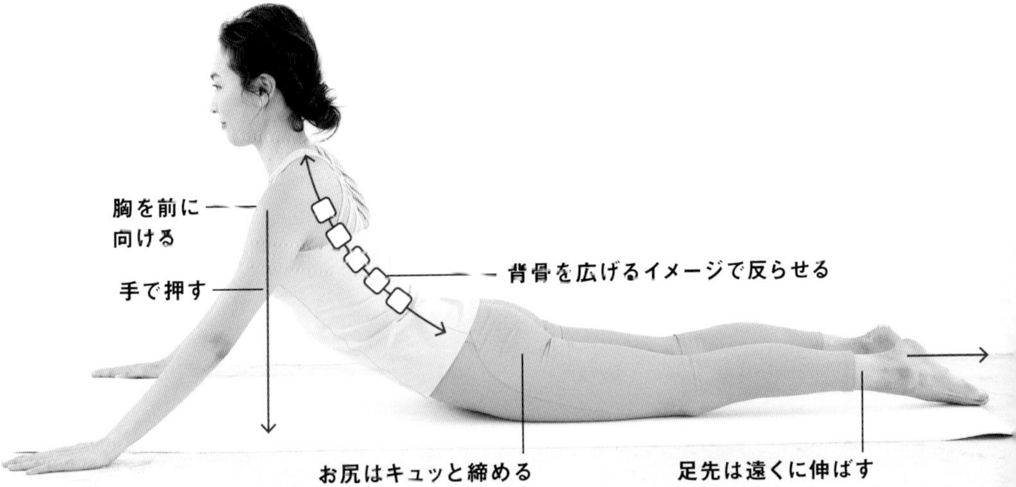

胸を前に
向ける
手で押す
背骨を広げるイメージで反らせる
お尻はキュッと締める
足先は遠くに伸ばす

NG

頭を起こすときにおなかの力が抜けてしまうと腰が反ったり、肩が上がったりして、深層部に効かない。腰にも負担をかけるので要注意。

PILATES 3

ハンドレッド

おなかを凹ませるのに効果的なのが、ハンドレッドの動き。頭と脚を上げたおなかに負荷をかけるポーズに加え、力強い呼吸に合わせて腕を上下に動かすことにより、コルセットのようにおなかを取り巻く腹横筋をはじめとする深層部の腹筋によくアプローチできます。ややきつい動きだけに運動量も多く、ぽっこりした下腹をスッキリさせるには特に効果的な種目です。

DRED

ハンドレッドのボディメイク効果

- ☑ 腹筋を刺激。下腹ぽっこり対策にも
- ☑ 反り腰を改善し、前もも張りや垂れ尻を防止
- ☑ 血行促進効果で冷えによるむくみも解消！

ハンドレッドのための 練習 1

TRAINING

体側～背中下部のストレッチ

1 あぐらになり体側を伸ばす

あぐらになって右手は床につき、左手は右斜め上に伸ばす。上体を右に倒して左の体側を伸ばしたら、この姿勢で息を吸う。

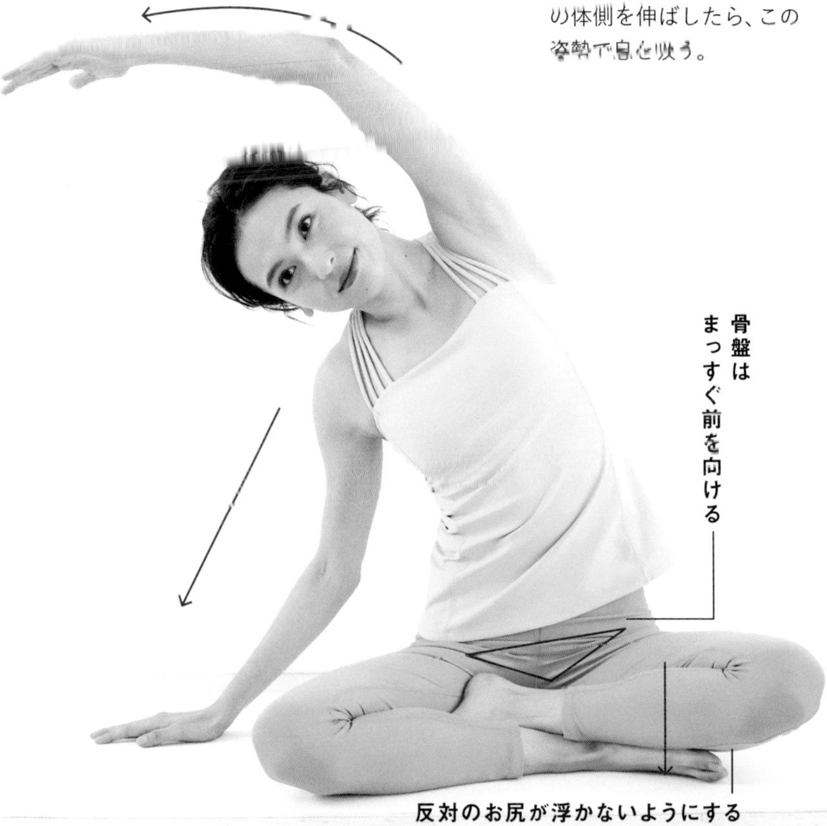
骨盤はまっすぐ前を向ける
反対のお尻が浮かないようにする

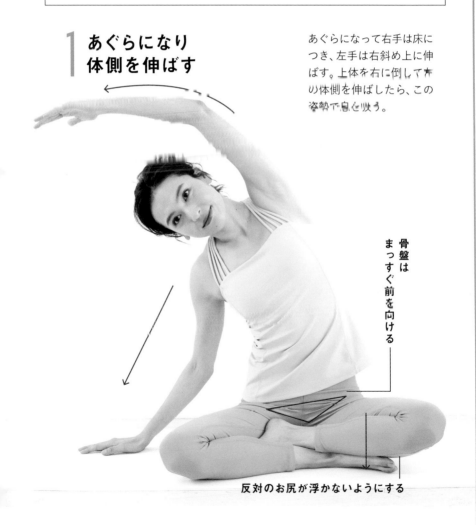

動画を
check!

背中がかたいと、ハンドレッドで上体を起こすときに首を使いすぎて痛めることも。体側と背中下部のストレッチをすると動きがスムーズになり、深い呼吸にもつながります。

2 背中を丸めて、脇から背中下部をしっかり伸ばす

息を吐きながら背中を丸め、左ひじを遠くに置くイメージで、左の脇から背中までをしっかり伸ばす。肩甲骨から腕を前に押し出すようにするのがコツ。

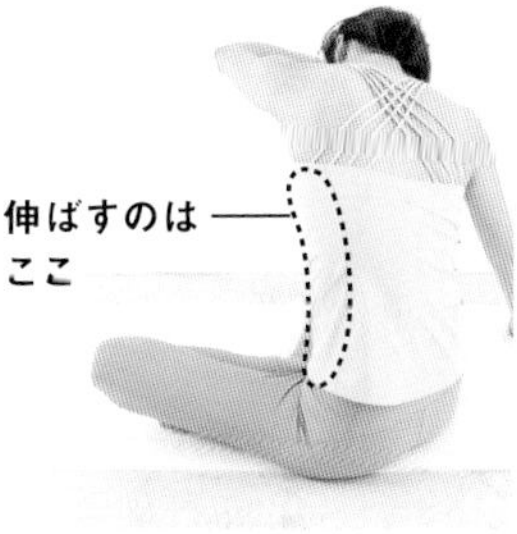

左右各
30〜
60秒

ハンドレッドのための 練習 2

TRAINING

背中下部のストレッチ

1

体を横に倒し、ひじをつく

横座りのスタンバイの姿勢から、体を右横に倒してひじをつく。上にある左脚は軽く伸ばしておく。頭から上体までまっすぐにし、この姿勢で息を吸う。

正座の姿勢からひざをくずし、横座りなった姿勢でスタンバイ。

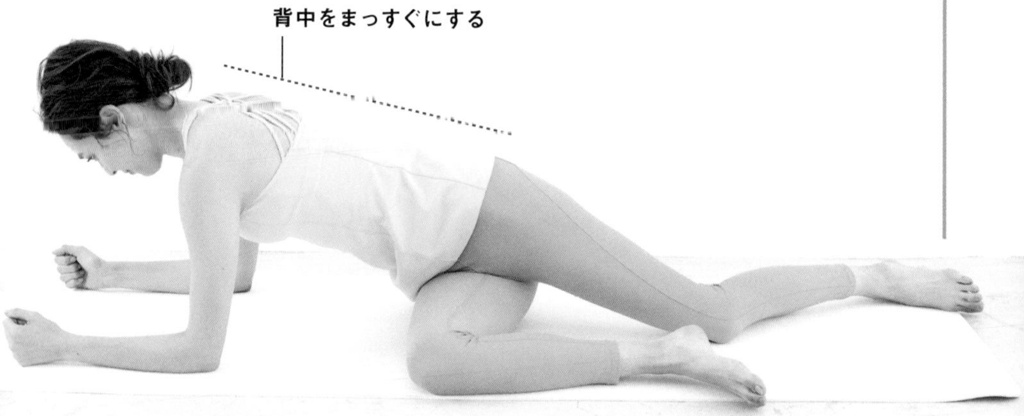

動画を
check！

練習１と同様、呼吸がしやすくなるストレッチです。背中をねじることで、背中下部のかたくなった筋肉がしっかり伸ばせるので、深い呼吸ができるようになります。

2

息を吐きながら背中をグーッと丸めていく

左右各
5回

息を吐きながらおなかを上げ、背中を丸めていく。左側の胸の肋骨（胸骨）あたりが浮かないよう、肩甲骨を前に突き出すようにするのがコツ。２秒キープして息を吸い、①に戻る。背中がうまく丸まらない場合は練習１をしっかり復習。

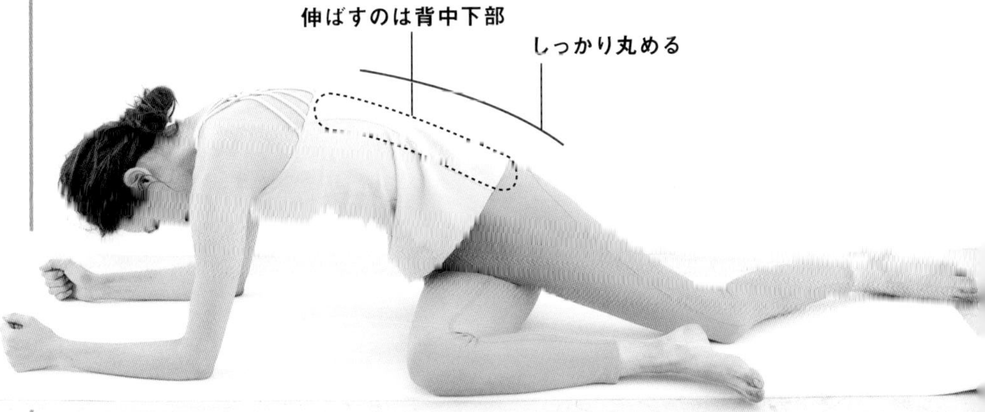
伸ばすのは背中下部
しっかり丸める

ハンドレッドのための 練習3

TRAINING

首のストレッチ

1

あおむけに寝て頭の後ろに両手を添える

あおむけになり、両脚は自然に開く。両手を頭の後ろに添え、ひじを開く。腰と床の間を手のひら１枚分開け、骨盤は床と平行なニュートラルの状態に。この姿勢で息を吸う。

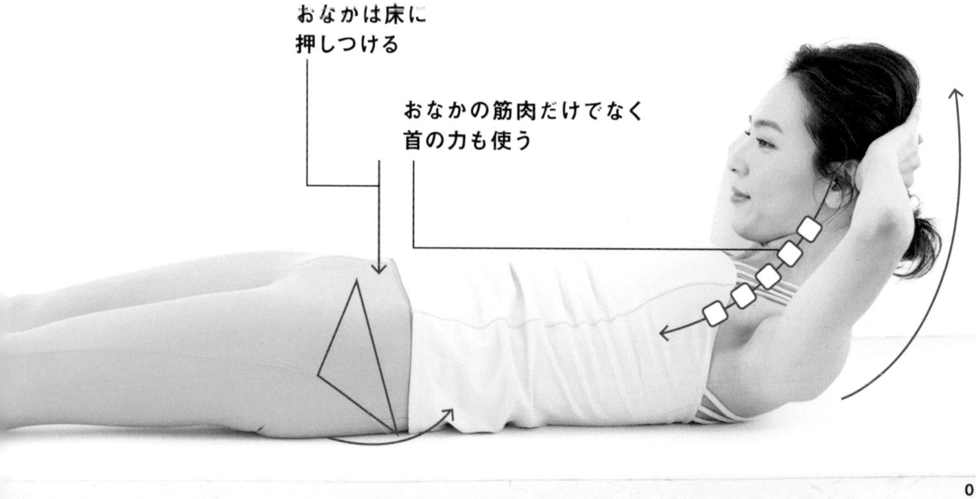
おなかは床に押しつける
おなかの筋肉だけでなく首の力も使う

動画を
check！

ストレートネックの人は首がかたく、ハンドレッドのときに頭を上げる動きがうまくできません。小さな部分ですが、なめらかな動きにするためにも、ストレッチをしましょう。

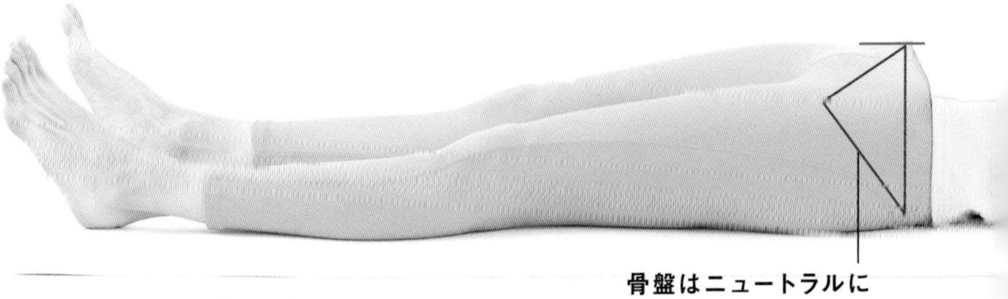
骨盤はニュートラルに

2 おなかと首の力を使って頭を起こす

息を吐きながら、骨盤をやや後傾させるインプリントと、首のアーティキュレーションを意識して頭を起こす。ひじは閉じずに頭だけ起こすと、首の後ろが伸びやすくなる。この姿勢を2秒キープしたら①に戻る。

5回

POINT

腹筋に似たポーズですが、ここで行いたいのは首のストレッチ。あごを引き、首の後ろを伸ばす。

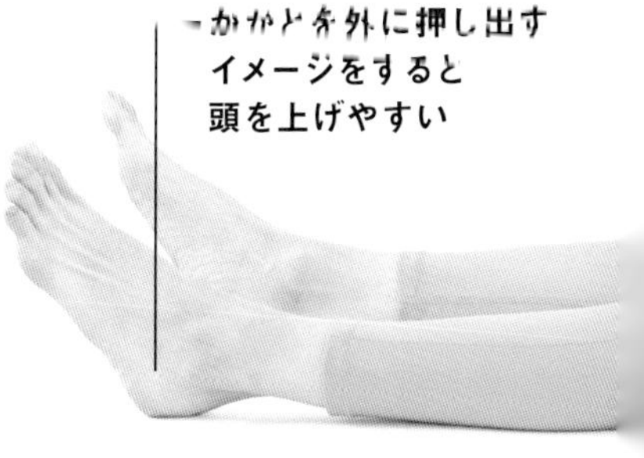
かかとを外に押し出す
イメージをすると
頭を上げやすい

ハンドレッドのための 練習4

TRAINING

インナーマッスル強化トレーニング

1 あおむけで骨盤をニュートラルに

あおむけになり、両脚はこぶし1個分くらい空け、ひざを曲げる。手のひらをももの上につけ、骨盤をニュートラルの状態に保つ。この状態で息を吸って胸に空気を入れる。

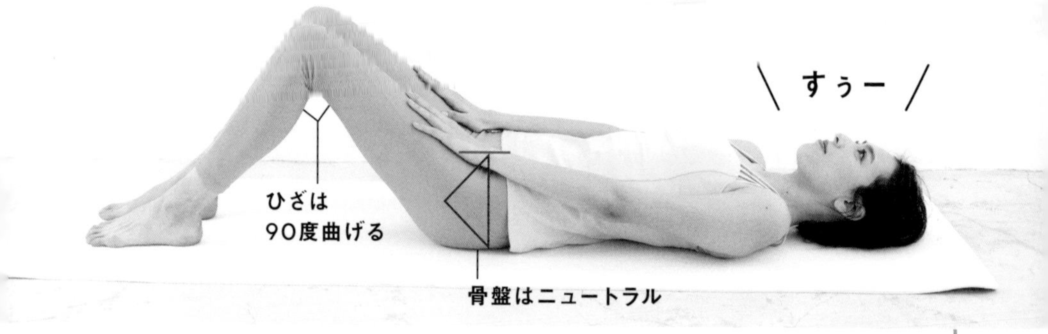
すぅー
ひざは
90度曲げる
骨盤はニュートラル

2 手のひらを上にスライドさせ頭を上げる

息を吐き、骨盤を後傾させるインプリントの状態に。さらに手のひらをもも上までスライドさせて頭をゆっくり上げていく。

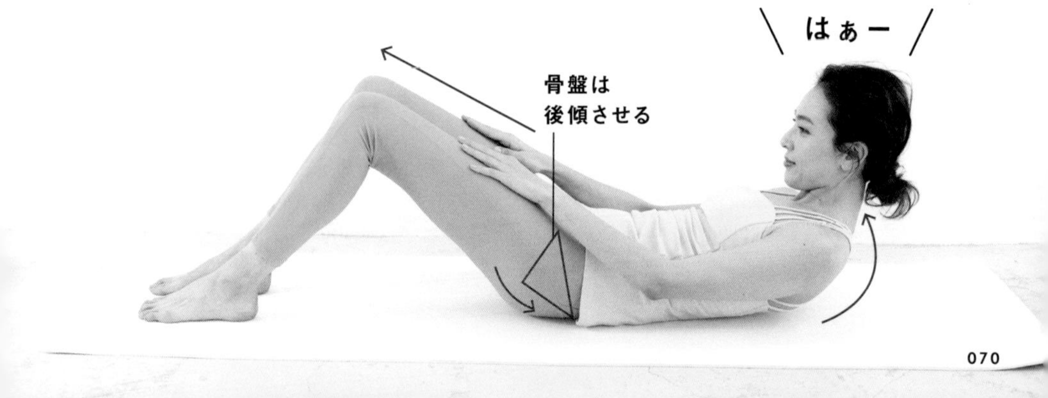
はぁー
骨盤は
後傾させる

動画を
check!

ハンドレッドのベースとなる姿勢を維持する、腹筋を使ったトレーニングです。練習1～3でストレッチした部分を伸ばし、背骨を1個ずつなめらかに動かすのがポイントです。

3

肩甲骨が浮くまで上体を起こす

5回

背骨のアーティキュレーションを感じながら、肩甲骨が浮くぐらいまで上体を起こす。腹筋が盛り上がらないようにインプリントを意識する。上がり切ったらこの姿勢を2秒キープ。息を吸い、吐きながらゆっくり②→①と戻る。

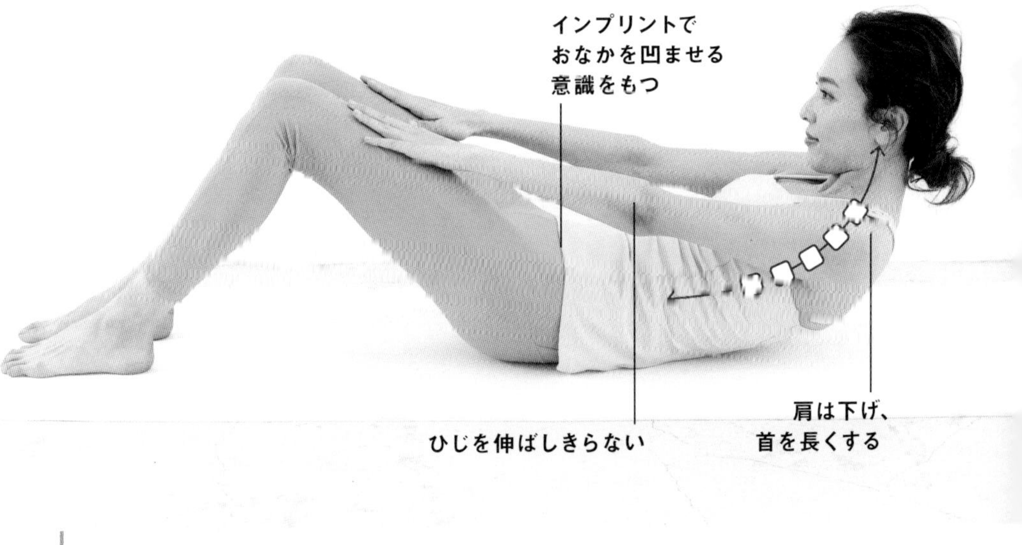

インプリントで
おなかを凹ませる
意識をもつ
ひじを伸ばしきらない
肩は下げ、
首を長くする

動画をcheck!

ハンドレッド

ひざは
90度曲げる
脚の間は
閉じておく
90度

1 ひざを曲げたあおむけの姿勢から両脚を上げる

あおむけになり、両脚をくっつけてひざを曲げて、骨盤をニュートラルに。ひざと股関節を90度曲げ、脚を上げる。

2 指を遠くに伸ばし上体をゆっくり起こす

骨盤をインプリントにして、背骨のアーティキュレーションを意識し、頭から肩甲骨が浮くくらいまでゆっくり上体を起こす。同時に指先を肩から遠くに伸ばす。

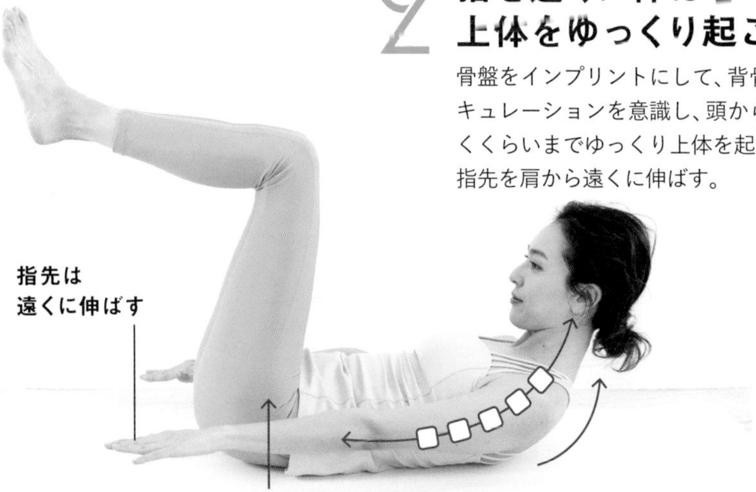
指先は
遠くに伸ばす

3 息を吸いながら 腕を上下に振る

②の姿勢をキープしながら、息をスッスッスッスッスッと5回吸うリズムに合わせて、腕を5回上下する。骨盤はインプリントのまま、胸式呼吸を繰り返す。

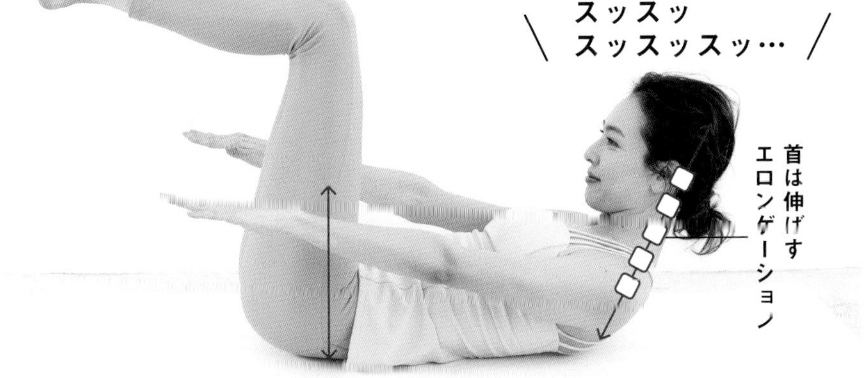

スッスッ
スッスッスッ…
首は伸ばす
エロンゲーション

4 息を吐きながら 腕を上下に振る

同じ姿勢をキープしながら、息をフッフッフッフッフッと5回吐くリズムに合わせて、腕を5回上下する。③と④を各5回繰り返し、合計50回腕を動かす（できる人は10セット合計100回）。みぞおちを内側に押え、口を閉じたまま呼吸するのがコツ。

フッフッ
フッフッフッ…
息を
リズミカルに
吐きながら
5セット

 ※さらに負荷を上げる場合の脚を伸ばして行う方法をP.101で紹介しています。

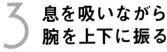

PILATES 4

サイドキック

KICK

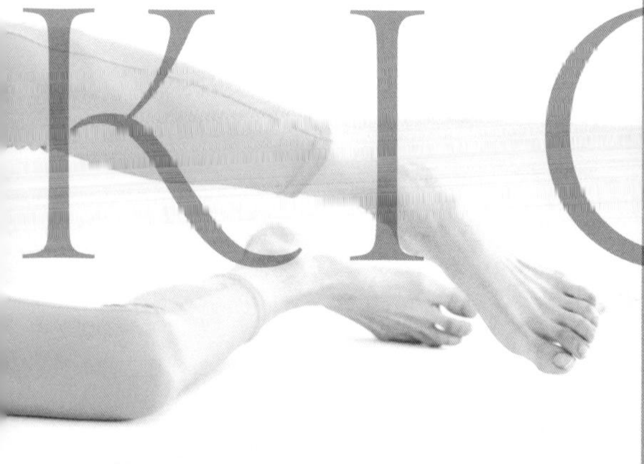

横向きの姿勢でキックする動きは、普段あまり意識して動かさない体側を刺激します。また、横向きで脚を振る不安定な姿勢を維持するためには、おなかの深層部やお尻の筋肉を総動員しなくてはなりません。それにより体側だけでなく体の前後の筋肉を鍛えられ、均整のとれたボディラインに近づけます。

SIDE

サイドキックのボディメイク効果

- ☑ 運動不足で垂れ気味なお尻もキュッとアップ
- ☑ 股関節の可動域が向上。横張りのないスラリ脚に
- ☑ 体側を刺激して、キュッとしたくびれが出現

サイドキックのための 練習 1

TRAINING

股関節の屈曲トレーニング

左右交互に
10回

1

あおむけになり脚を上げ骨盤を床と平行に

あおむけになり、ひざを曲げて両脚を上げる。骨盤はニュートラルにし、その状態の意識を継続させるために、おなかに手をあて、腰の下にもう片方の手のひらを差し込む。

90度曲げる
手でおなかと
腰をサンドイッチ
腰は反りすぎない
腰と床の間は手のひら1枚分

動画を
check！

サイドキックで重要になる、股関節から脚を曲げる「屈曲」という動きと、体幹を同時に鍛えるトレーニング。おなかに手をあてることで骨盤の傾きや腹筋へ意識が高まります。

2 ゆっくりと右脚を床に下ろす

一度息を吸い、ゆっくり吐きながら、ひざを90度曲げたまま右の足先をトンと床につける。息を吸いながら①の姿勢に戻る。

腰が浮きそうなら
手で押さえる

3 ゆっくりと左脚を床に下ろす

左脚も同様に。脚を上げるときは腰が丸まりやすく、下げるときは腰が反りやすい。それを手で確認しながらおなかの力を抜かないのが体幹に効かせるコツ。

おなかの力は抜かない

サイドキックのための 練習2

TRAINING

股関節の伸展トレーニング

1

左右各10回

床に手とひざをつき 骨盤をニュートラルに

両手を床につき、両ひざを床について、よつんばいの姿勢に。背中は反らさずに骨盤をニュートラルな状態に保ち、息を吸う。

動画を
check!

サイドキックで重要になる、股関節を伸ばす「伸展」という動きと、体幹を同時に鍛えるトレーニングです。脚を上げる不安定な姿勢を維持することでバランス力も強化できます。

NG

おなかの力が抜けると腰が反ってしまい、お尻や深層部の筋肉に効かないばかりか、股関節の前が十分に伸びない。

2 ひざを曲げたまま左脚を上げる

息を吐きながら腰が反らないように注意して左脚を上げる。みぞおちの部分に力を入れ、骨盤を後傾させると反りにくい。息を吐き切るまでこの姿勢をキープ。反対側も同様に行う。

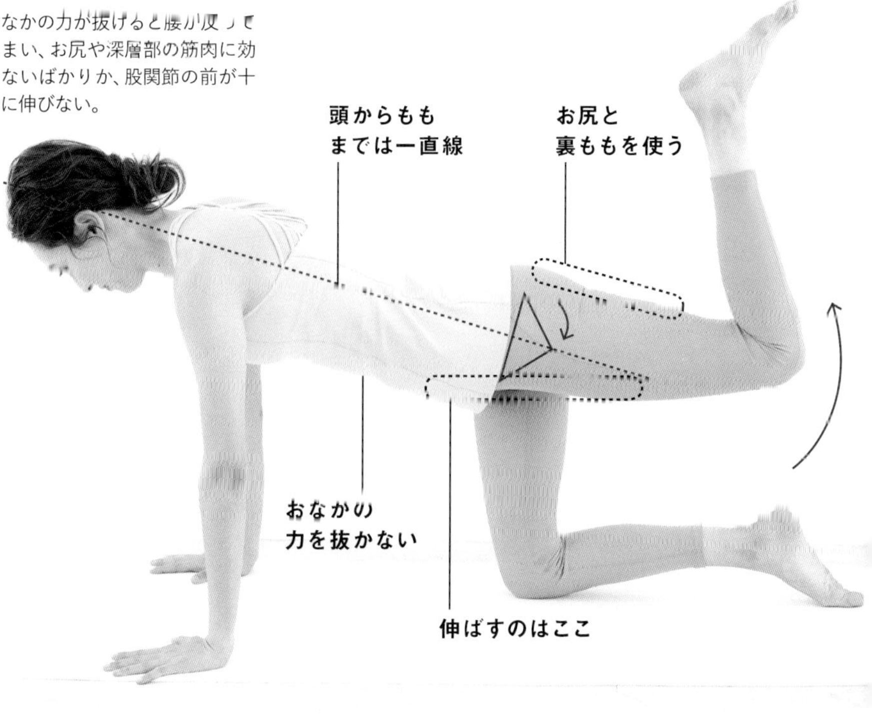
頭からもも
までは一直線
お尻と
裏ももを使う
おなかの
力を抜かない
伸ばすのはここ

サイドキックのための 練習3

TRAINING

体幹を鍛える サイドプランク

POINT

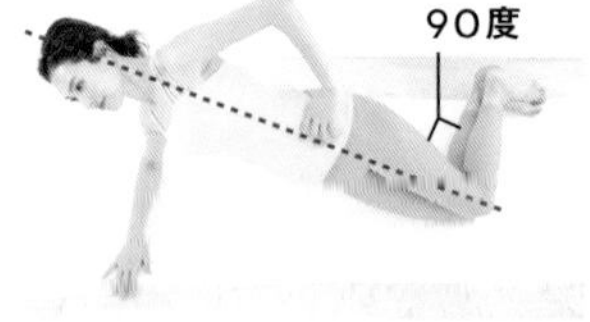
90度

ひざは90度に曲げ、足は揃えて体の後ろに。頭からひざまで一直線に保ち、骨盤は前に向ける。

1

ひじをついて横向きになり 脚を曲げる

横向きの姿勢になり、脚を揃えてひざは90度に曲げる。肩のすぐ下にひじをつき、骨盤はまっすぐ前に向けるニュートラルな状態に保ってスタンバイ。

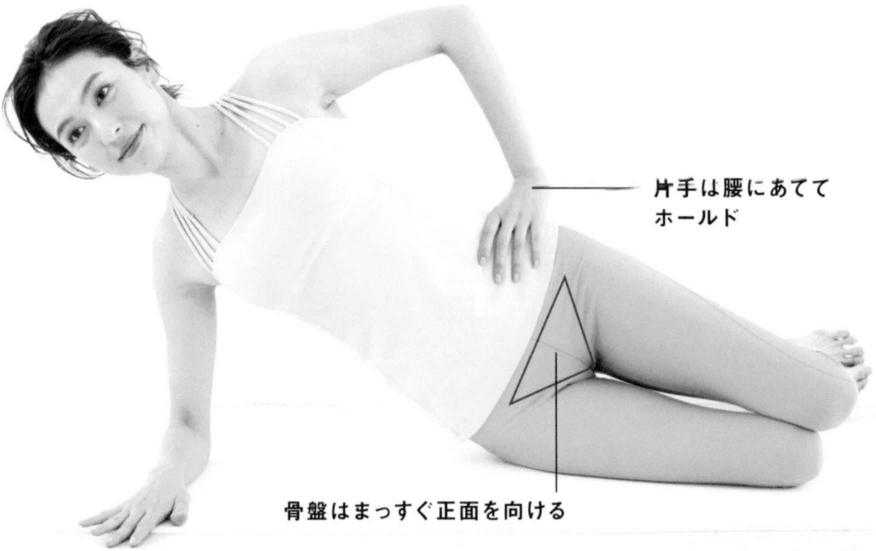
片手は腰にあてて
ホールド
骨盤はまっすぐ正面を向ける

動画を
check！

ひじをついて横向きになる不安定な姿勢をキープするサイドプランク。日常生活では使われにくい脇腹の筋肉を鍛えることで、サイドキックの動きがより安定します。

2

脇腹の力でお尻を上げ、体を床から浮かせる

左右各
30秒

脇腹の力を使い、お尻をグッと上げて体を床から浮かせ、ひざから頭まで一直線に保つ。この状態を30秒キープ。反対側も同様に行う。

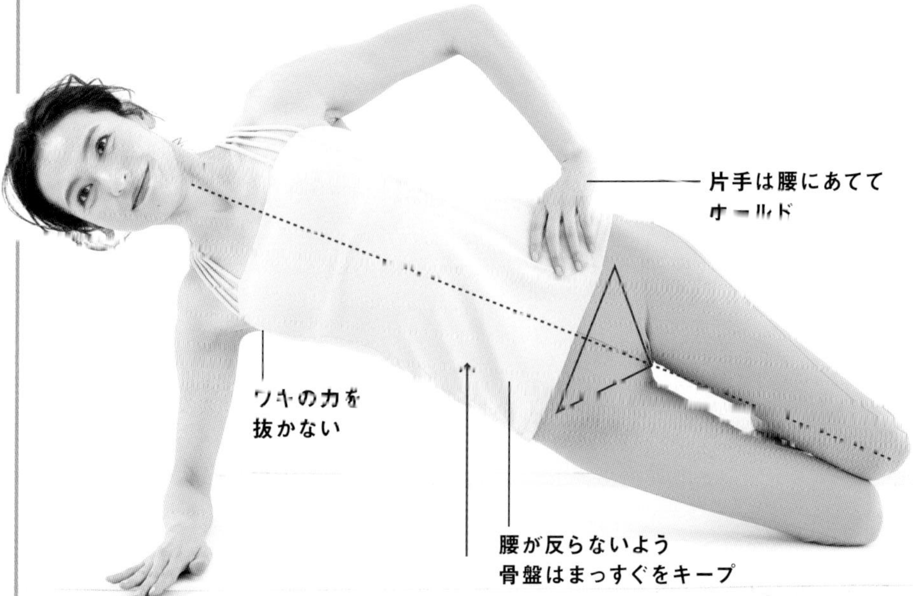
片手は腰にあててホールド
ワキの力を抜かない
腰が反らないよう骨盤はまっすぐをキープ

動画をcheck!

LET'S TRY IT!

サイドキック

1 ひじをついて横向きになり ひざを曲げる

横向きの姿勢になり、ひざは90度に曲げ、脇を引き上げる。バランスを取るために脚はやや斜め前に置く。肩の下にひじをつき、頭から骨盤までを一直線に保ち、息を吸う。

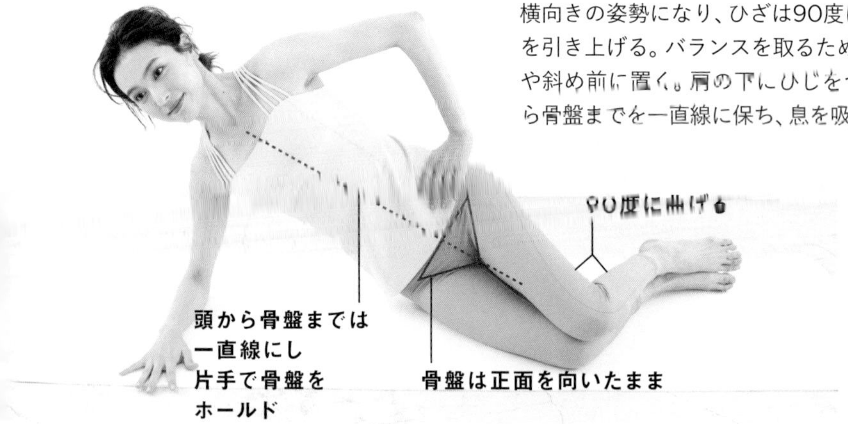
90度に曲げる
頭から骨盤までは
一直線にし
片手で骨盤を
ホールド
骨盤は正面を向いたまま

2 上の脚を上げ、ゆっくり前に振り出す

息を吸いながらひざは90度のまま上の脚を股関節から前にキック。脚を振り出すときは、ももの外側の筋肉ではなく、ビキニラインあたりからおなかの力を使うのがポイント。

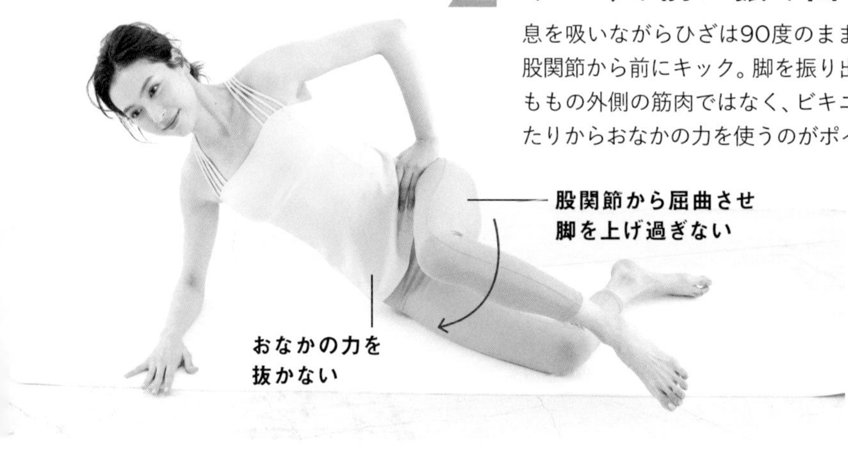
股関節から屈曲させ
脚を上げ過ぎない
おなかの力を
抜かない

3 上の脚を股関節から後ろに引く

前に振り出した脚を息を吐きながら体の後ろ側へキック。このとき もも の外側ではなく、おなかとお尻の筋肉を使うのがポイント。②と③を繰り返す。

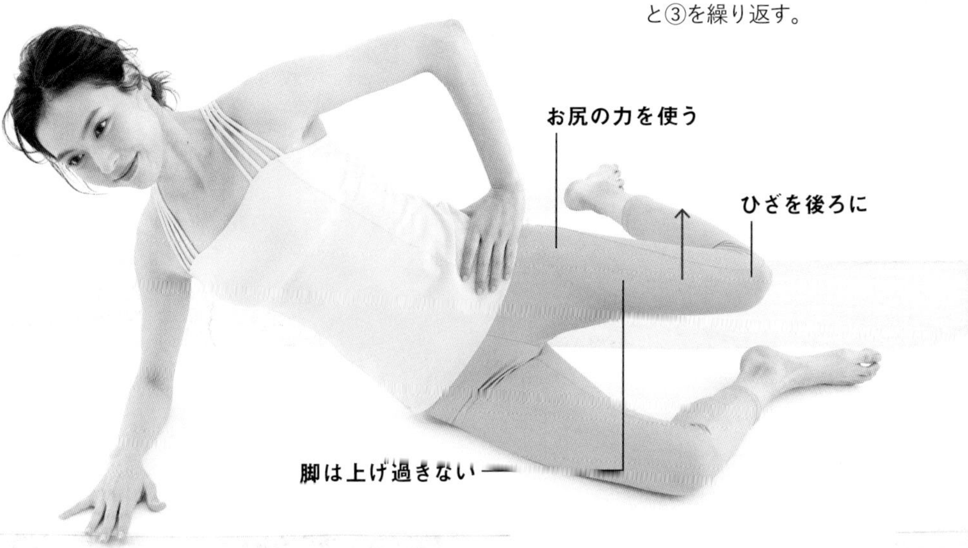
お尻の力を使う
ひざを後ろに
脚は上げ過ぎない

左右各
10回

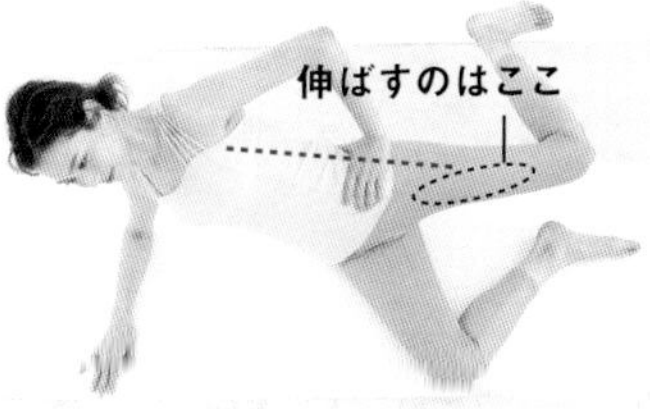
伸ばすのはここ

POINT

上から見たとき、後ろにキックした脚を体と一直線にし、前ももが伸びているのを感じる。

NG

NG

NG

脚を後ろにキックするときは、腰が反りやすくなる。お尻、内もも、おなかの力が抜けないように意識して、股関節から脚を後ろに引く。

脚を前にキックするときは背中が丸まりやすいので、おなかの力をしっかり使うこと。骨盤を手で押さえ、常に前に向けるのを意識する。

おなかの力が抜けると腰が落ちてしまう。おなかの奥、脇腹、内ももの筋肉を使い、頭から骨盤までは一直線をキープすること。

LESSON 2

最終テスト

ロールアップダウン

ロールアップダウンは、これまでの4つのピラティスで鍛えてきた部分の連動性を高めるコーディネート的な種目です。やや難易度が高いですが、できるようになると体全体がなめらかに動くように。単独の動きでは、反り腰改善やぽっこりおなかの引き締めに効果的。

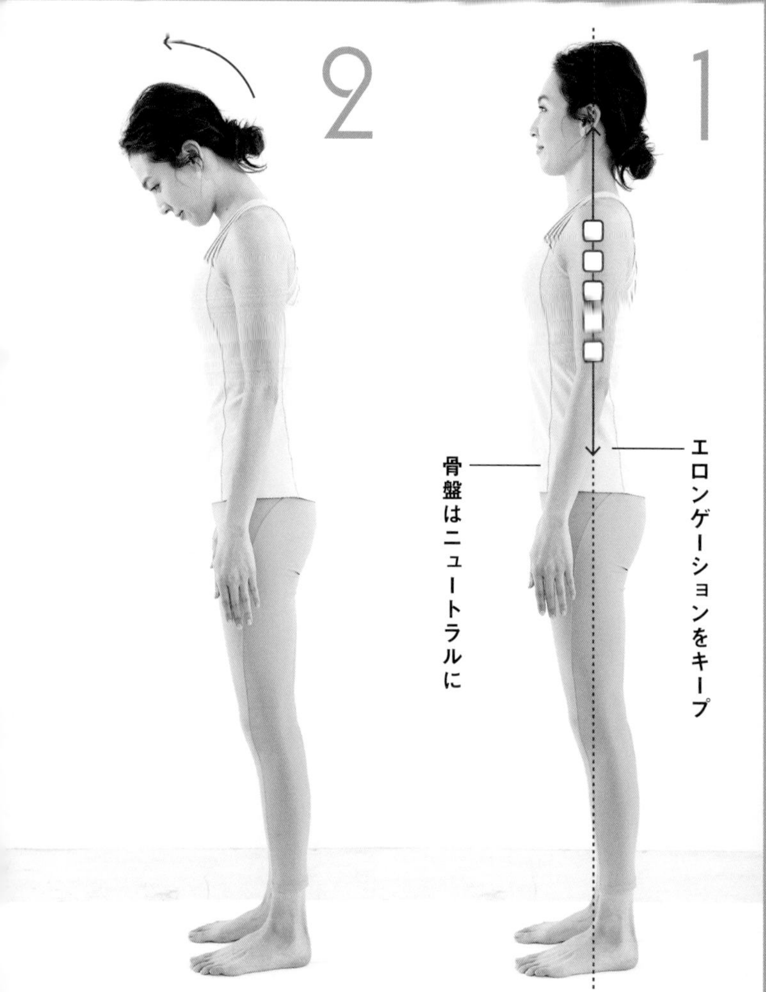
1
エロンゲーションをキープ
骨盤はニュートラルに
2

まっすぐ立ち、骨盤は正面に向けてニュートラルに。鼻から息を吸って、頭から足まで伸びているのを感じる

息を吐きながら、頭を倒していく。ひざはピンと伸ばさず、少し力を抜くのがポイント。

動画をcheck！

ロールアップダウンの練習

立ち姿勢から背骨をなめらかに１個ずつ動かすアーティキュレーションを意識しながら前屈し、ロールアップの動きをつかみましょう。おなかの力を抜かないのがポイントです。

背骨を１個ずつ動かすアーティキュレーションを感じながら背中を丸め、手を下に伸ばして稲穂のようにダラーンと垂れ下がっていく。

下まで倒したら、いったんリラックス。息を吸う。息を吐きながら、足の裏全体で地面を押して、体をゆっくり起こし、③→②→①へと戻る。

動画を
check!

ロールアップダウン

1 床にあおむけになり 手をバンザイ

3回

床にあおむけになり、両手を上げて、骨盤はニュートラルの状態に。手と脚は引っ張りあうようにして、背骨のエロンゲーションを感じる。この姿勢で息を吸う。

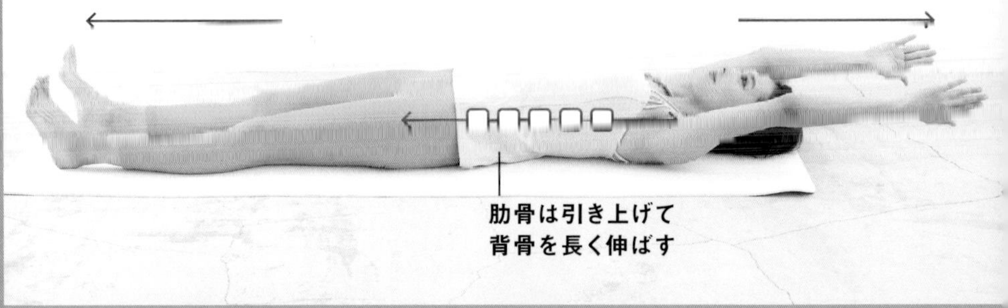
肋骨は引き上げて
背骨を長く伸ばす

2 手を振り出し、 頭からゆっくり起き上がる

息を吐きながら、バンザイをしていた手を振り出し、おなかの力を使って、頭をゆっくり起こしていく。首から背中上部の背骨を1個ずつ動かすアーティキュレーションを意識。

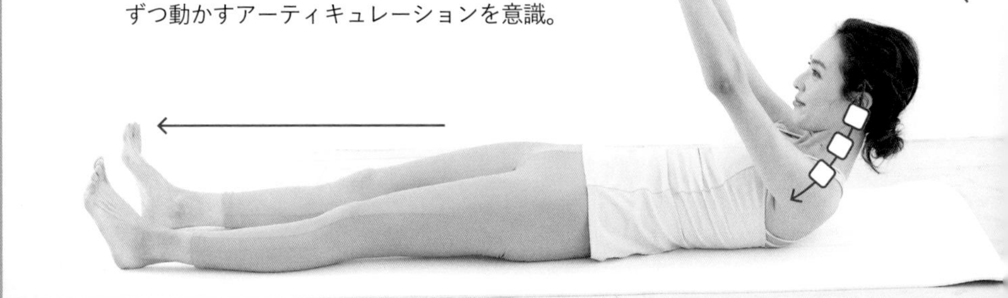

3 手を脚側に伸ばし背中を丸めて起き上がる

手を引っ張られるようなイメージで背中をしっかり丸めながら起き上がる。背骨を1個ずつ床から引きはがすようなイメージで、アーティキュレーションを意識する。

肩が上がらないようにする
反動を使わない

4 手を脚側に伸ばし、体を二つ折りに

背中から腰まで丸めたら、そこで息を吸い、一旦リラックス。息を吐きながら骨盤を後傾させ、今度は③→②→①とゆっくりと戻っていく。

プラスワン トレーニングで

効果的なボディメイクを叶えるピラティスに部分的に引き締めたい細部へのアプローチを加えて、頭のてっぺんから足先まで細部に磨きをかけていきましょう。また、ピラティスの動きを日常に応用したり、ピラティスにおける疑問点を解消することでよりピラティスのボディメイク効果を実感！パーフェクトなボディへ導きましょう。

N3

パーフェクトボディへ

LESSO

BODY MAKE PILATES

パーツストレッチ

STRETCH

小顔になりたい

動画を
check！

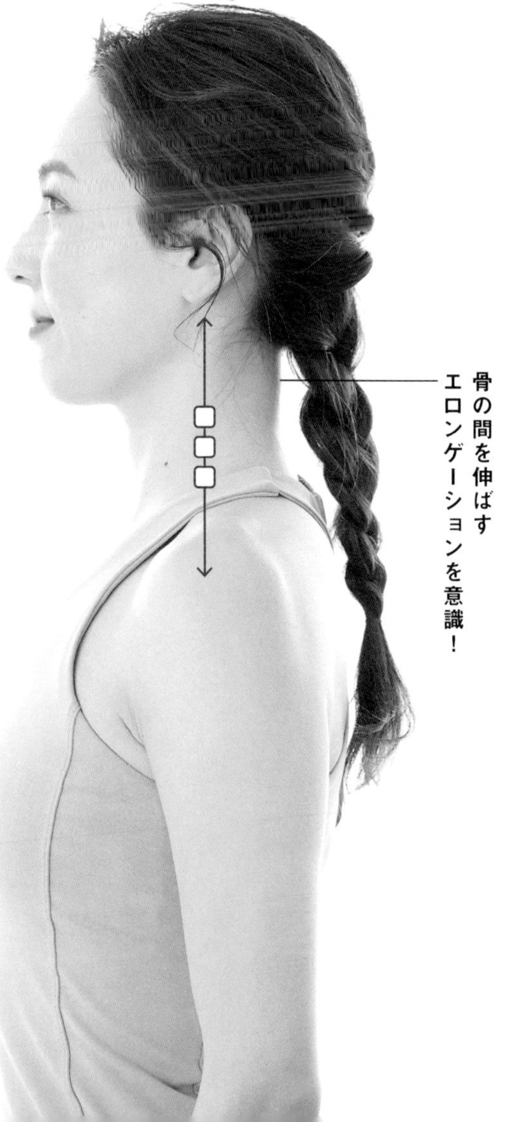
骨の間を伸ばす
エロンゲーションを意識！

1

目線を前に向け
首を上に伸ばす

目線を前に向け、首をすっと上に伸ばし、首の骨（頚椎）のS字カーブを意識する。このとき肩が上がらないように注意。この姿勢で息を吸う。

細部にアプローチ お悩み別

猫背などで頭が本来の位置より前に出ると、首の後ろ側が詰まったようになり、首全体が短くなってフェイスラインがつぶれて顔が大きく見えます。ストレッチで改善しましょう。

5回

2

あごを後ろに引いて二重あごにする

息を吐きながら、あごを後ろに引く。あごだけでなく、頭全体を後ろに引くイメージです。二重あごの状態にして息を吐き切ったら息を吸い、①の姿勢に戻る。

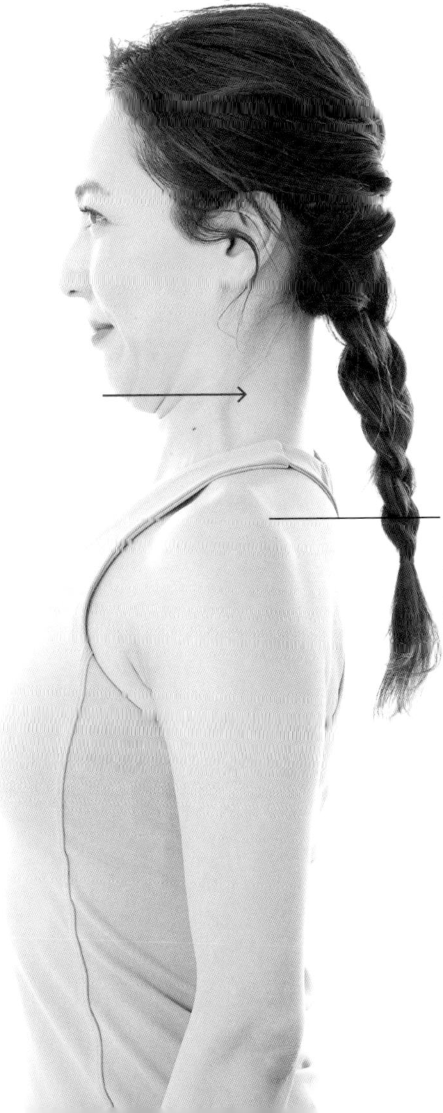

首がかたい人は肩が上がりやすいので注意！
しっかり肩を下げて

お悩み別パーツストレッチ

STRETCH

二の腕の振り袖肉を撃退！

1 体の側面を床につけ腕を前に出す

体の側面を床につけ横になり、下の脚はまっすぐ伸ばし、上の脚は股関節とひざを90度曲げる。腕はまっすぐ前に伸ばしたら両手を合わせます。

動画をcheck！

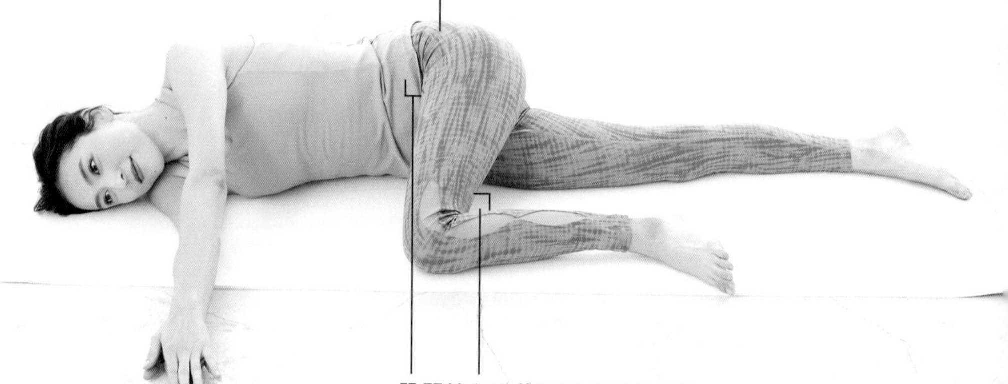
骨盤を立て
まっすぐの状態を意識
股関節とひざは90度に曲げる

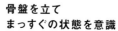

肩周りの筋肉がかたいと胸の前が伸びず、それにより腕の可動域が狭くなります。特に二の腕の後ろ側の筋肉が使われず、たるんでくるのでストレッチで伸ばしてあげましょう。

2 上の手を遠くに伸ばしながら できるところまで弧を描く

左右各10回

息を吸いながら、上にした手を遠くに伸ばしながら腕で弧を描き胸を開く。余裕があれば上を向くと、さらに胸がストレッチされて◎。息を吐きながらゆっくり①の姿勢に戻る

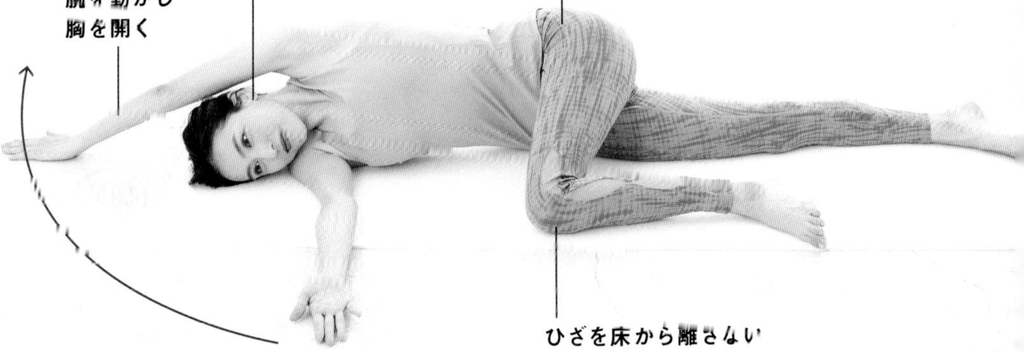
耳と腕はできるだけ近づける
骨盤が倒れないように注意
できるところまで腕を動かし胸を開く
ひざを床から離さない

STRETCH

浮き輪肉・ピーマン尻をまとめてケア

動画をcheck!

1

イスに座り、上体をゆっくり倒す

イスに浅めに腰掛け、座面に対し骨盤を立てるニュートラルポジションをつくったら、上体をゆっくり前に倒し、骨盤から頭までを一直線に。

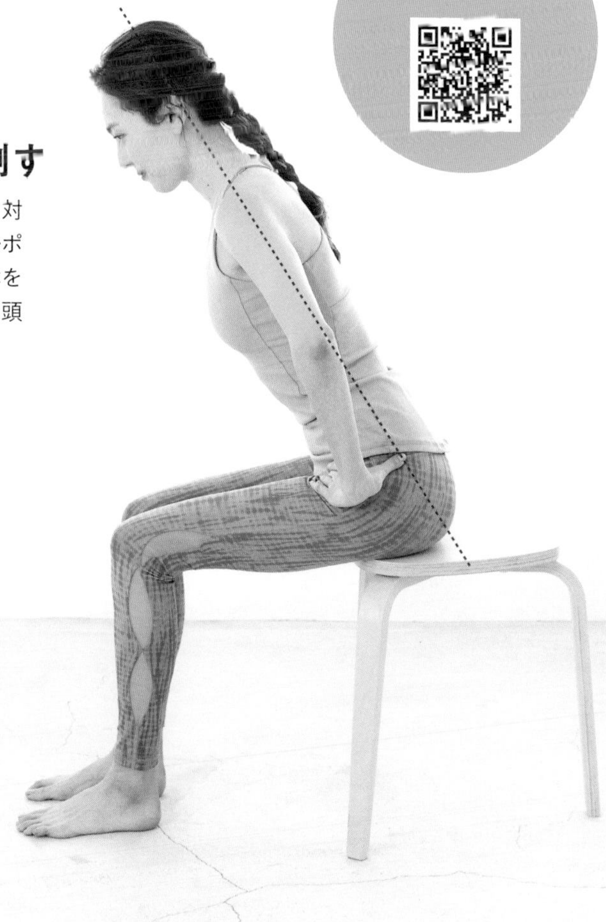

裏ももがかたいと骨盤が後傾し、それにより
お尻が下に引っ張られてピーマン尻に。また
腰の反りがなくなり、浮き輪肉が目立つこと
にも。裏ももをしっかり伸ばして。

左右各
30～
60秒

2

左脚を前に滑らせて 裏ももを伸ばす

左脚を前に伸ばす。裏ももがかたい人は、無理に伸ばそうとすると腰が丸まるので、できるところまででOK。裏ももの伸びを感じながら30～60秒キープし、反対側も同様に。

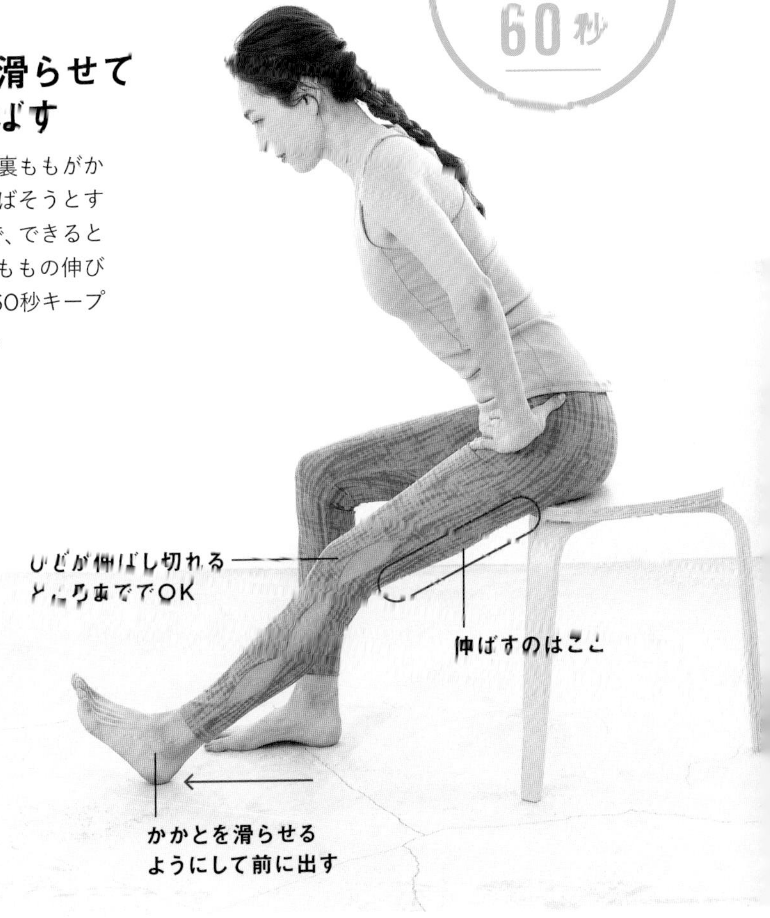
ひざが伸ばし切れる
ところまででOK
伸ばすのはここ
かかとを滑らせる
ようにして前に出す

お悩み別パーツストレッチ

STRETCH

ふくらはぎを
スッキリシェイプ

左右各
10回

動画を
check!

1
腕を前後に開き、壁に両手をつく

壁の前に離れて立ち、脚を前後に開き、両手を壁につき、上体と後ろの足のかかとまでを一直線にする。かかとを床にグーッと押しつけ、ふくらはぎがストレッチされている状態でスタンバイ。

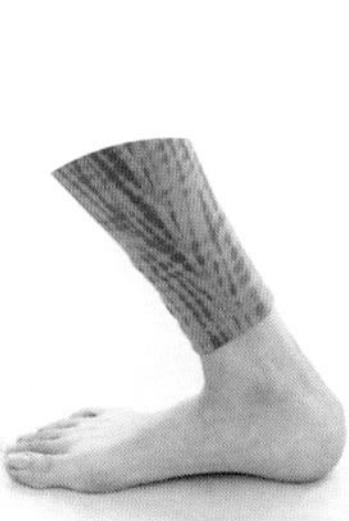

ふくらはぎがたくましくなるのは、足指の関節がかたく、歩くときにふくらはぎの筋肉がうまく伸び縮みしないから。足指と同時にふくらはぎをストレッチして引き締めましょう。

2 かかとを上げて足指をストレッチ

後ろの足指を床に押しつけた状態でかかとをゆっくりと上げる。このとき親指側に体重を乗せ、足指がストレッチされているのを感じる。ゆっくりかかとを下ろして①の姿勢に戻る。

NG

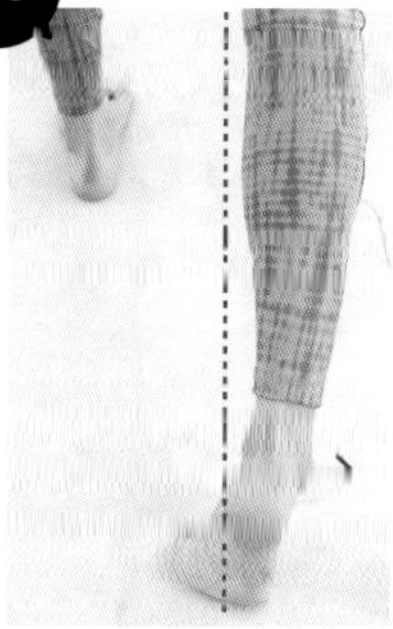

かかとを上げるとき体重が外側に逃げやすい。こうなると足指をストレッチできず、ふくらはぎが外側に張り出す原因に。

POINT

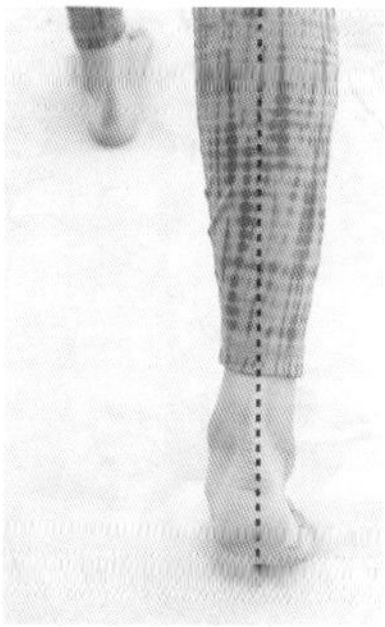

ピラティスにおける軸や股関節のねじれを意識してかかとの上げ下げを。つま先とひざを正面に向けて、かかとをまっすぐに落とす。

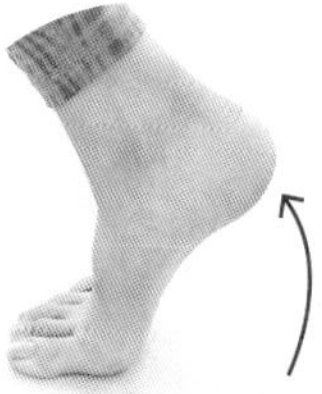

ピラティスの応用で解決！お悩みQ&A

Q 尿漏れで悩んでいます

A 骨盤底筋群を鍛えるトレーニングをしましょう

尿漏れは骨盤底筋群が衰えているのが原因。深くしゃがんで立ち上がるこのトレーニングは、骨盤底筋群と連動する内ももを鍛える効果抜群。ピラティスで実践する深い呼吸を同時に行うと、さらに深くアプローチできます。

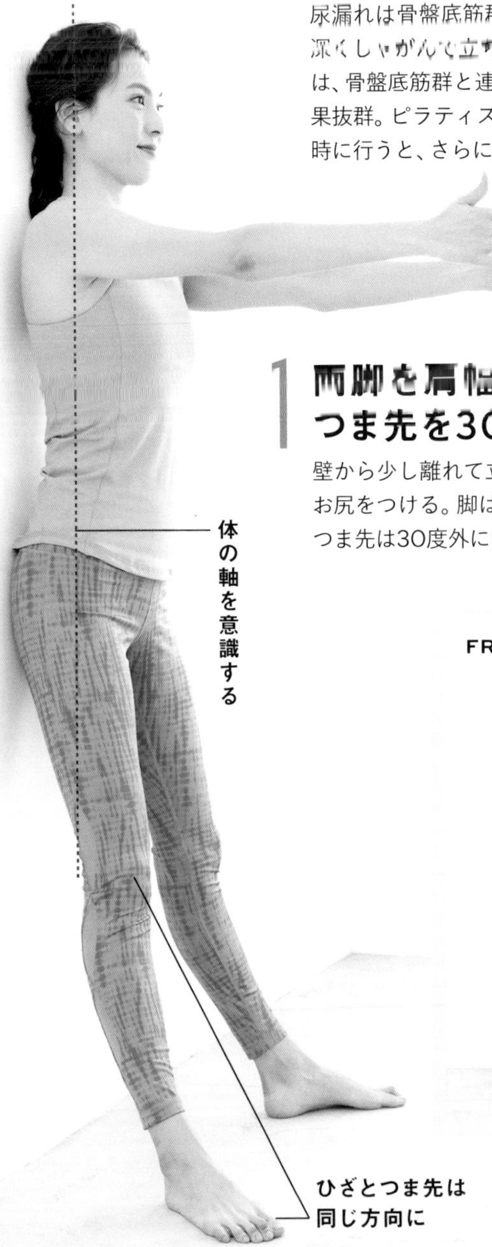
体の軸を意識する
ひざとつま先は同じ方向に

1 両脚を肩幅程度に開き つま先を30度外に向ける

壁から少し離れて立ち、壁に背中、肩の後ろ、お尻をつける。脚は肩幅よりやや広めに開き、つま先は30度外に向け、腕を前に出す。

FRONT

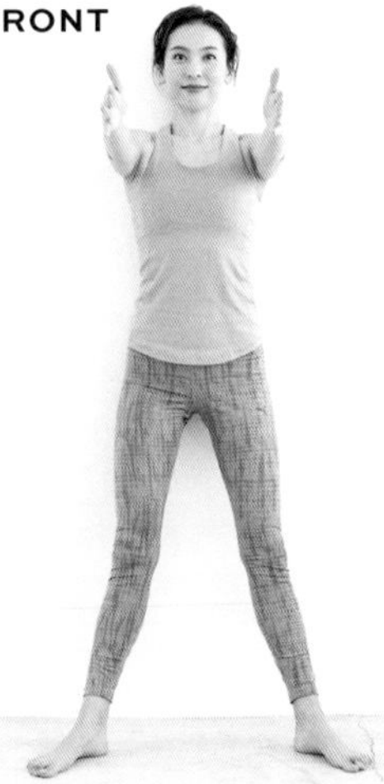

動画を
check!

2 ゆっくりと深く しゃがむ

深い呼吸を繰り返しながら、壁にお尻をつけた状態でゆっくりしゃがむ。しゃがみ切ったらかかとで床を押し、内ももとお尻の筋肉を締めながら立ち上がる。

10回

FRONT
ひざは外側に開く

ひざを外に開き
深くしゃがむ

Q もっとレベルアップしたいです！

A スイミングの動きを取り入れてみましょう

P.54のスワンの応用「スイミング」にチャレンジ。おなか、衰えがちな背筋やお尻を鍛えて、美しい立ち姿の維持をサポートします。

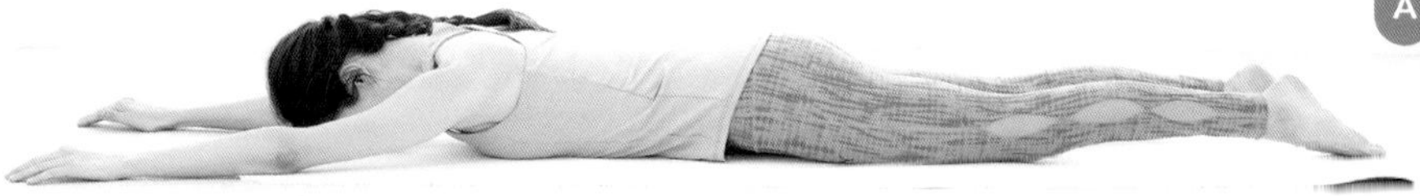

動画をcheck！

1 床にうつぶせになり腕と脚を伸ばす

うつぶせの状態になり、腕と脚を伸ばす。恥骨を床に押しつけ、骨盤が床と平行のニュートラルの状態をキープ。

2 体を伸ばしたままで腕と脚を床から浮かせる

腕と脚を床から軽く浮かせる。このとき、腰が反りやすいので注意。恥骨を床に押しつけ、骨盤を後傾させるインプリントを意識して腰をできるだけフラットに保つ。

\ スッスッスッスッ
ハッハッハッハッ /

3 呼吸に合わせて対角の腕と脚を交互に上げる

息をスッスッスッスッと4回吸ったら、ハッハッハッハッと4回吐きながらリズミカルに泳ぐように対角の腕と脚を左右交互にバタバタと動かす。おなかの力が抜けないよう注意。

手と脚は
引っ張り合う
イメージで伸ばす
腕や脚は高く
上げなくてOK

左右交互に
8回×
5セット

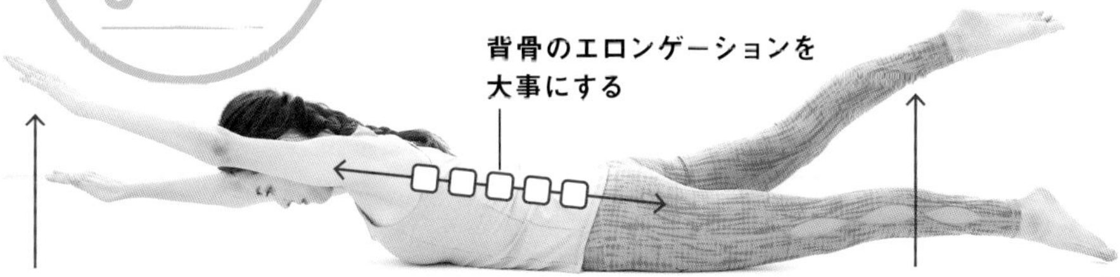
背骨のエロンゲーションを
大事にする

ハンドレッドのとき脚を伸ばすと負荷アップ！

脚を伸ばしてのハンドレッドをするのもおすすめ。P.72の②の姿勢から脚をお尻と内ももの筋肉を使って斜め上に伸ばす。その状態でP.73の[illegible]を繰り返す。

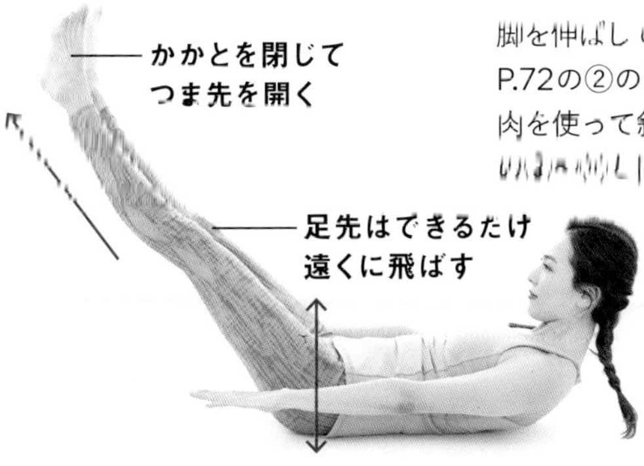
かかとを閉じて
つま先を開く
足先はできるだけ
遠くに飛ばす

動画を
check！

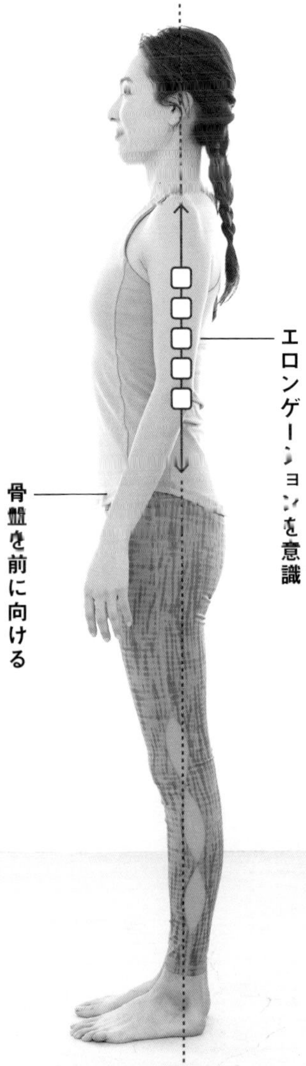
エロンゲーションを意識
骨盤を前に向ける

Q 日常の動きの中でピラティスの動きを取り入れられますか？

A 歩いているとき、ピラティスのポイントを意識してみて

歩いているときにもピラティスの意識が役立ちます。軸をまっすぐ保ち、背骨を伸ばすエロンゲーションを意識。骨盤をニュートラルの状態に保ったまま、骨盤を前に押し出すイメージで歩きます。こうすると股関節のねじれがおきず、歩くことがボディメイクに！

動画をcheck！

エロンゲーションを意識して、背すじを伸ばして立つ。軸はまっすぐ、骨盤は前に向けニュートラルの状態を保つ。

接地の瞬間、上に伸びる
おなかの奥とお尻を使って脚を押し出す

足を踏み出す。脚を前に振り出すのではなく、骨盤を押し出すイメージで骨盤から前に進む。

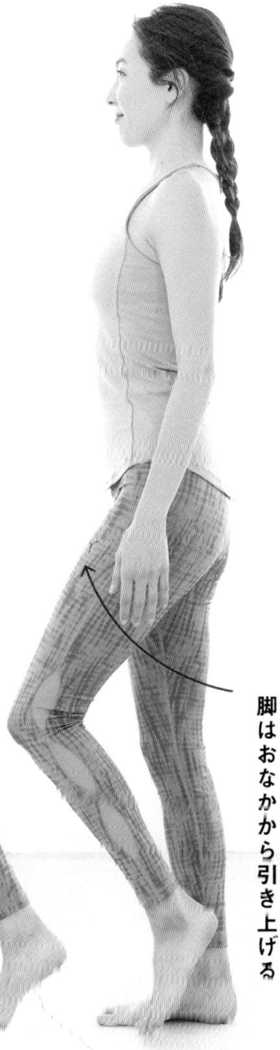
脚はおなかから引き上げる

前についた脚を軸足に。腰の位置を高く保ち、おなかを引き上げながら後ろの脚を自然に引き上げ、再び骨盤を前に押し出す。

重心を移動し
軸足チェンジ

骨盤から体を押し進めると同時に、引き上げた脚が自然に床について、軸足が入れ替わる。

Q 歩く以外でも日常でピラティスの動きを取り入れられますか？

A 座るときもピラティスの意識を応用できます

動画を
check!

長時間座っていると反り腰になったり、逆に骨盤が後ろ側に倒れたりして姿勢が崩れやすいもの。座っているときもピラティスのポイントを取り入れて美姿勢を保つことで、ボディメイクが可能に。

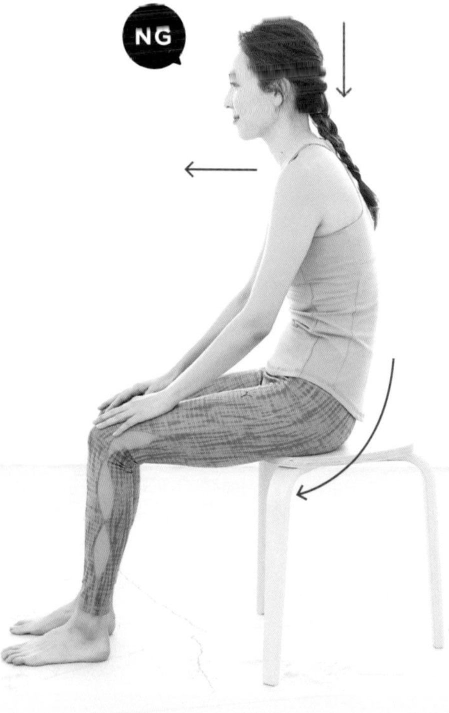
NG

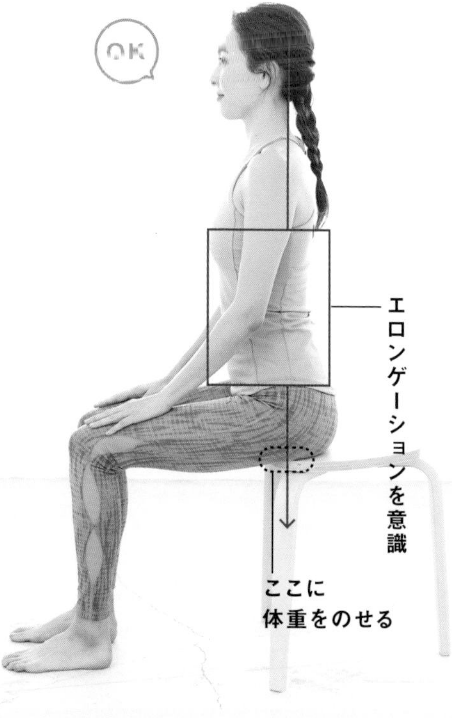
OK
エロンゲーションを意識
ここに
体重をのせる

長時間座っていると骨盤が後傾しやすい。すると背中が丸まり、おなかの力が抜けやすくなり、ぽっこりおなかの原因に。逆にお尻を出したり、胸を張りすぎたりして反り腰になるのもNG。

座面に対し骨盤を立てるニュートラルを意識。座骨が座面に当たって痛い人は、裏ももの付け根あたりに体重を乗せて座るのがコツ。おなかを縦に伸ばすと長時間でも疲れず正しい姿勢をキープできる。

Q ピラティスは毎日やってもいいですか？

A 毎日でも日を空けても。ただし週に2回やるのが理想的

ピラティスは毎日行っても問題ありません。ただし、しなやかな筋肉を育てるためにも等間隔で週に2回以上が理想的。最低でも1回は行いましょう。

Q 効いているのかイマイチわかりません

A 人によって体の感じ方は違います

おわったあと体がスッキリして楽になった感じがあれば、まず効いていると思って大丈夫です。逆に肩が痛くなった、前ももが張ったなど筋肉にアンバランスな負荷がかかっている感じがするなら、やり方を間違えているケースも。ひとつずつの動きの再確認を。

Q どれくらいで効果が出ますか？

A 1回でも体の向上を体感できます

効果の感じ方は人それぞれですが、背骨を伸ばす動きがあるので、1回だけでも効果が。柔軟性が上がった、立ち姿がスッとした、肩が上がりやすくなったなど、見た目にも機能的にも向上した状態を体感できます。

Q 息を吸うとき、口からではダメですか？

A 鼻から吸わないと深い呼吸になりません

そもそも口は、効率よく息を吸うようにできていません。通常、無意識のとき口は軽く閉じ、舌が上あごにくっついています。つまり口から息を吸うのは難しく、鼻呼吸になるのが正常です。口は大きく開くのでたくさん空気を吸えそうに思えますが、鼻呼吸は気道抵抗があり、そのぶん深い呼吸になります。なお、息を吐くときはよく口からと言われますが、鼻からでも問題ありません。

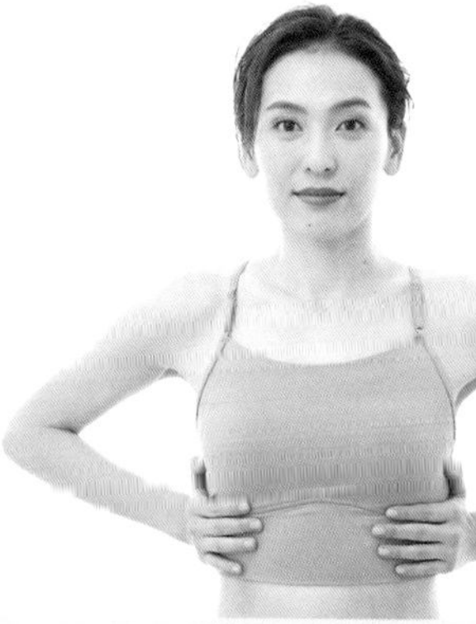

Q ピラティスをしても筋肉痛になりません

A 筋肉痛はあってもなくても問題なし

ピラティスは筋肉をハードに動かす運動とは違うので、筋肉痛がない場合も。もちろん使ってない筋肉を目覚めさせるわけですから普段運動をしてない人なら筋肉痛を感じるかもしれません。つまり筋肉痛はあってもなくても問題なし。筋肉痛は効果の指標にはなりません。

Q 最初の基本の姿勢で腰が反ってしまいます

A インプリントの姿勢と深い呼吸を意識して

あおむけになる基本の姿勢のとき、腰と床の間に手のひらが1枚入るぐらいの隙間が空くのが理想ですが、反り腰の人は隙間がそれ以上空いてしまいます。そんな人は骨盤を後傾させるインプリントのときに、深い呼吸を意識してください。呼吸を繰り返すとおなか周りをコルセットのように囲んでいる腹横筋というインナーマッスルが働き、それにともない肋骨が締まり、反っている腰が床につきやすくなります。

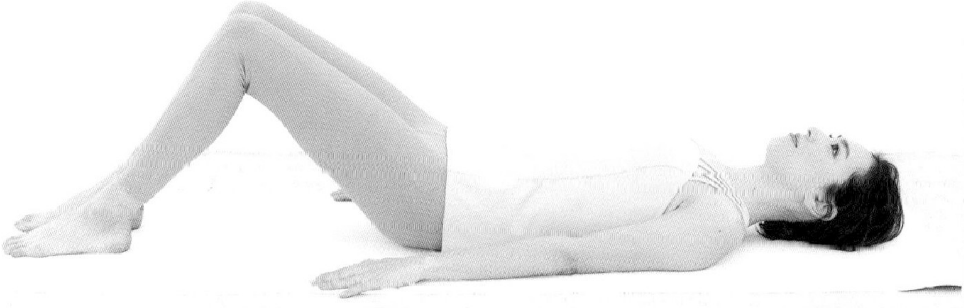

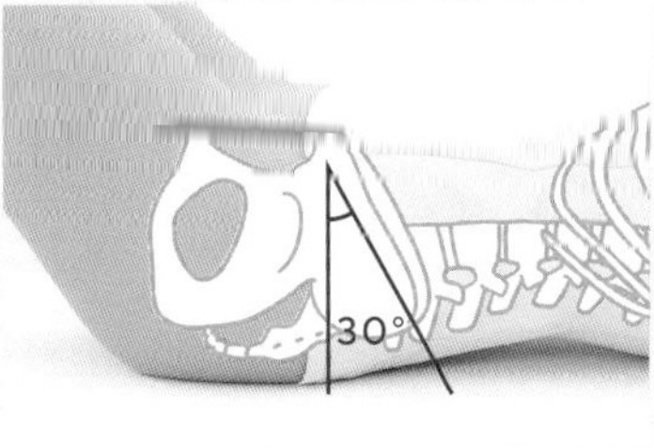

ニュートラルのとき骨盤の仙骨の傾斜角度が30度傾いているのが理想ですが、反り腰の人はそれ以上傾いています。インプリントと深い呼吸で床に対して骨盤をフラットな状態に近づけていきましょう。腰と床の間は手のひら1枚分をキープしましょう。

Q 腕や脚は、大きく動かしたほうがいいですか？

A 大きく動かすより呼吸や関節のひとつずつの小さな動きを重視

ピラティスの目的は、眠っているインナーマッスルを目覚めさせ、体本来の機能を取り戻すこと。これによりボディラインが整うだけでなく、日常の動きが楽になり、コリなどによる痛みが取れるのです。大きく動かすとアウターマッスルばかりが使われ、アンバランスなムキムキの筋肉がつくなどし、ボディメイクの観点からは遠ざかることも。ハンドレッドやサイドキックは、腕や脚を振る動作もありますが、大きく動かすより意識したいのは呼吸や関節の１つ１つの小さな動きです。

Q サイドキックは左右でやりにくいほうがあります

A サイドキックの「練習」を重視してみましょう

サイドキックのような左右どちらもこなす動きで偏りがある場合は、「やりにくいほうを多めにやれば左右の筋肉バランスが整うのでは？」と思いがちです。それも間違いではありませんが、アンバランスな筋肉がついて邪魔しているケースも少なくありません。ストレッチや衰えた筋肉をトレーニングする実践前の「練習」を重要視してください。

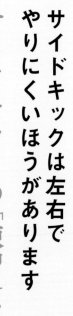

Q ロールアップダウンは反動を使ってしまいます

A まずは、4つのピラティスを徹底的にマスターを

ゆっくり背骨を動かしてインナーマッスルを鍛えるのが、ロールアップダウンの本来の目的です。反動を使うと動きが早くなりがちですが、これはアウターマッスルを使っている証拠。筋肉がかたくなる、衰えた部分の筋肉が鍛えられない、ムキムキになるなど本来の目的から遠ざかってしまいます。まずは自分のできる範囲でいいので、ゆっくりやることを目標に。できない場合は、基本の4つのピラティスを繰り返して練習を。

（AFTER WORD）

私がピラティスに魅了されたのは、今まで指導していたウェイトトレーニングとは違う「関節を広げながら使う」という概念でした。

よくピラティスは、インナーマッスルを鍛えてしなやかな体をつくると言いますが、それは正に体へ、重力に対して効率的な筋力発揮をする機能性を学習させていくことではないか、と私は思っています。簡単にいうと、重力に効率的よく抗う機能性の体得です。

私達は加齢とともに筋力が落ち、姿勢が崩れていきます。それによって体の機能も衰えていくわけですが、このときに起こっているのは重力による関節のつぶれです。この重力によるつぶれに抗うように大きな筋肉を使っていくのであれば、筋トレのような高負荷なトレーニングも効果があるかと思いますが、私の知る限り、多くの人達はそれに耐えうる体の状態になっていません。そういう人達がいわゆる負荷の高い効果的な運動を行うと、負荷のほうが上回って、効果が出にくいばかりか、ケガにつながったり、自分が思っていたのとはかけ離れた体型になったりしてしまいます。

ですから、たとえピラティスを行っていても、前述した「関節を広げながら使う」という概念を知らぬままに行えば、単なる体幹トレーニングと変わらなくなってしまいます。逆に言えば、ストレッチや筋トレといった一般的な方法も、この概念のもとに行えば、同じようにしなやかな体をつくることができるのです。

多くのピラティス本では数十種類のポーズを紹介しているのに対して、本書では多くの方が求めている、しなやかな体を得るのに必要なピラティスの概念を理解して頂くために、たった4ポーズに絞りました。これは、ピラティスの概念を理解してこの4つができるようになれば、他のどの種目も同じようにできるようになるからです。

本書を通じて、ピラティスをやってもいまいち効果が得られなかった、あるいは今までいろんなトレーニングの効果が出なかった方々が、たった4ポーズを習得するだけで理想の体に近づけるようになることを期待しています。

森 拓郎

運動指導者
森 拓郎

ピラティス指導者、フィットネストレーナー。大手フィットネスクラブを経て、2009年、自身のパーソナルトレーニングスタジオ「rinato」を東京・恵比寿にオープンし、ボディメイクやダイエットを指導。足元から顔までを美しくするボディワーカーとして、運動指導の枠にとらわれないさまざまな角度からボディメイクを提案する運動指導者として活動している。ボディラインを重視したキメ細かいボディメイク指導に定評があり、ファッションモデルや女優など著名人からの信頼も厚い。
著書に『運動指導者が断言！ダイエットは運動１割、食事9割』(ディスカヴァー・トゥエンティワン)、『美脚RUN 細くなるだけじゃない、脚がまっすぐに変わる』(Gakken)、『自分史上最高に脚が長くなるストレッチ』(新星出版社)などがある。

【衣装協力】
●LESSON1　トップス、レギンス(チャコット・バランス／チャコット)
●P.17レギンス¥16,900、LESSON2　タンクトップ¥12,600、
ハイライズパンツ¥16,700(イージーヨガ／イージーヨガジャパン)
●LESSON3　タイツ¥7,150(プ[illegible])、以[illegible]タンクトップ(スタイリスト私物)

【問い合わせ先】
イージーヨガジャパン　03-3461-6355　https://www.easyogashop.jp
チャコットお客さま相談室　0120-155-653　https://shop.chacott.co.jp/
プーマ お客様サービス　0120-125-150

ボディメイク・ピラティス

2023年5月10日　第1刷発行

著者	森 拓郎
発行人	松井謙介
編集人	長崎 有
企画編集	柏倉友弥
発行所	株式会社ワン・パブリッシング 〒110-0005 東京都台東区上野 3-24-6
印刷所	大日本印刷株式会社
DTP	株式会社グレン

STAFF

モデル	SOGYON(ソギョン)
アートディレクション	松浦周作(mashroom design)
装丁・デザイン	時川佳久(mashroom design)
撮影	徳永 徹
動画編集	今井洋子
スタイリング	大沼 静
ヘアメイク	松岡奈央子
イラスト	内山弘隆
校正	草樹社
編集・文	平川 恵

●この本に関する各種お問い合わせ先
本の内容については、下記サイトのお問い合わせフォームよりお願いします。
https://one-publishing.co.jp/contact/
不良品(落丁、乱丁)については業務センター：Tel 0570-092555
〒354-0045 埼玉県入間郡三芳町上富279-1
在庫・注文については書店専用受注センター：Tel 0570-000346